Petra Procházková

Tschechisch für absolute Anfänger

... kinderleicht für Erwachsene

Schmetterling Verlag

Bibliografische Informationen der Deutschen Nationalbibliothek
Die Deutsche Nationalbibliothek verzeichnet diese Publikation in der Deutschen Nationalbibliografie; detaillierte Daten sind im Internet über http://dnb.d-nb.de abrufbar.

Schmetterling Verlag GmbH
Lindenspürstr. 38 b
70176 Stuttgart
www.schmetterling-verlag.de
Der Schmetterling Verlag ist Mitglied von aLiVe.

ISBN 3-89657-857-X
1. Auflage 2017
Printed in Bulgaria

Illustrationen: Lena Hofhansl
Satz und Reproduktionen: Schmetterling Verlag
Druck: Multiprint, Kostinbrod

Tschechisch für absolute Anfänger

Inhalt

Die Aussprache

1 Buchstaben:

A	Á	B	C	Č	D	Ď	E	É	Ě	F	G	H	CH	I	Í	J	K	L	M	N	Ň	O	Ó	P	R	Ř	S	Š	T	Ť	

U	Ú	Ů	V	Y	Ý	Z	Ž

Alle Buchstaben werden deutlich ausgesprochen!

Buchstabenkombinationen:

OU	EU	DĚ	MĚ	NĚ	DI	TĚ	TI	ST

Die rot markierten Buchstaben spricht man so aus:

Á **wie das deutsche «a» in «Schwan»**
C **wie das deutsche «c» in «CD»,**
aber niemals «C» wie in Cola und niemals «C» wie in Chef
Č **wie das deutsche «tsch» in «Tschechien»**
Ď **wie das zweite «d» in «Depardieu»**
É **wie das deutsche «ä» in «wählen»**
Ě **wie das deutsche «je» in «jeder»**
CH **wie das deutsche «ch» in «schwach»**
Í **wie das deutsche «ie» in «Bieber»**
Ň **wie das deutsche «gn» in «Kognac»**
Ó **wie das deutsche «o» in «Lose»**
R **wie das deutsche gerollte «r» in «Rede»,**
aber niemals wie das «r» in «Teller»
Ř **Keine deutsche Entsprechung. Wie R, aber die Zungenspitze weiter vorne. Häufiger und kürzer vibrieren als bei R.**
S **wie das Deutsche «ss» in «Kuss»,**
aber niemals «S» wie in «See»
Š **wie das deutsche «sch» in «Schule»**
Ť **wie das deutsche «t» in «Matjes»**
Ú, Ů **wie das deutsche «u» in «Schule»**
V **wie das deutsche «v» in «Vase»,**
aber niemals «V» wie in «Vogel»
Ý **wie das deutsche «ie» in «Bieber»**
Z **wie das «z» in «Grizzly»,**
aber niemals «Z» wie in Zahl

Ž	**wie das zweite «g» in «Garage»**
OU	**wie das deutsche «ow» in «Bowling»**
EU	**wie das deutsche «eu» in «beurteilen»**
DĚ	**ĎE**
MĚ	**MŇE**
NĚ	**ŇE**
TĚ	**ŤE**
ST	**wie das deutsche «st» in «kosten»**

Merke: Alle anderen Buchstaben spricht man wie im Deutschen aus!

Betonung: Stets auf der **ersten Silbe**. Falls sich ein Vorwort vor dem eigentlichen Wort befindet, verlagert sich die Betonung auf das Vorwort.

Weiche, neutrale und harte Konsonanten (Mitlaute):

weich	ž	š	č	ř	c	j	ď	ť	ň
neutral	b	f	l	m	p	s	v	z	
hart	h	ch	k	r	d	t	n		

Wir werden diese Information im Lehrbuch nutzen, um die Hauptwörter richtig beugen zu können.

Lektion I

Familie Müller stellt sich vor

Georg, Emma, Emily und Beni Müller begeben sich auf eine Urlaubsreise nach Tschechien.

Georg hat sich vorgenommen, die Reise zu nutzen, um Tschechisch zu lernen. Emma möchte ihm die Sprache beibringen, da sie Tschechischlehrerin ist. Mal sehen, ob sie eine gute oder schlechte Lehrerin ist.

2

To jsem já.
↓ ↓ ↓
Das bin ich.

Já jsem Emma Müller.
↓ ↓ ↓
Ich bin Emma Müller.

To je Georg Müller.
↓ ↓ ↓
Das ist Georg Müller.

Georg je můj muž.
↓ ↓ ↓ ↓
Georg ist mein Ehemann.

To jsou Emily a Beni.

Das sind Emily und Beni.

Lektion 2

Die Zahlen

Georg: Ein wenig Tschechisch kann ich schon. Ich kann bis 10 zählen:

3

1	jedna – eins
2	dva/dvě – zwei
3	tři – drei
4	čtyři – vier
5	pět – fünf
6	šest – sechs
7	sedm – sieben
8	osm – acht
9	devět – neun
10	deset – zehn

Emma: Ja, das war alles richtig. Und weiter geht es so:

4

11	jedenáct – elf
12	dvanáct – zwölf
13	třináct – dreizehn
14	čtrnáct – vierzehn
15	patnáct – fünfzehn
16	šestnáct – sechzehn
17	sedmnáct –siebzehn
18	osmnáct – achtzehn
19	devatenáct – neunzehn
20	dvacet – zwanzig

Georg: Wie sage ich denn dann «21» auf Tschechisch?
Emma: «Dvacet jedna».
Georg: Ich würde sehr gerne die Zahlen bis 1000 lernen, nicht nur bis 20.
Emma: Kein Problem. Weiter zählt man auf Tschechisch so:

5

21	dvacet jedna – einundzwanzig	60	šedesát – sechzig
22	dvacet dva – zweiundzwanzig	70	sedmdesát – siebzig
30	třicet – dreißig	80	osmdesát – achtzig
40	čtyřicet – vierzig	90	devadesát – neunzig
50	padesát – fünfzig	100	sto – hundert

Merke:
«Hundert» heißt in Kombination mit «zwei» nicht «sto», sondern «stě».
200 – dvě stě

Emma: Oje, wir geraten in einen Stau. Na, dann haben wir wenigstens noch mehr Zeit, um die Zahlen zu lernen.

6

101	sto jedna – hunderteins	400	čtyři sta – vierhundert
102	sto dva – hundertzwei	500	pět set – fünfhundert
110	sto deset – hundertzehn	576	pět set sedmdesát šest – fünfhundertsechsundsiebzig
111	sto jedenáct – hundertelf	600	šest set – sechshundert
200	dvě stě – zweihundert	700	sedm set – siebenhundert
220	dvě stě dvacet – zweihundertzwanzig	800	osm set – achthundert
237	dvě stě třicet sedm – zweihundertsiebenunddreißig	900	devět set – neunhundert
300	tři sta – dreihundert	1000	tisíc – tausend

Georg: Es fehlt noch etwas. Wie sage ich «Null» auf Tschechisch?
Emma: Das ist sehr einfach. «Null» heißt auf Tschechisch «nula».
Emma: Weißt du, worauf ich mich wirklich freue, wenn wir in Tschechien sind?
Georg: Keine Ahnung!
Emma: Auf das Einkaufen.
Georg: Was möchtest du alles kaufen?
Emma: Einen Badeanzug, eine Sonnenbrille, eine Haarbürste, einige Anziehsachen und ein paar Schuhe. Ach ja, Sonnencreme brauchen wir auch noch.

Abkürzungen: männlich (m), weiblich (w), sächlich (s)

7

Tschechisch	Deutsch
kartáč na vlasy (m)	Haarbürste (die)
boty (w)	Schuhe (die)
krém na opalování (m)	Sonnencreme (die)
deštník (m)	Regenschirm (der)
oblečení (s)	Anziehsachen (die)
sluneční brýle (w Mehzahl)	Sonnenbrille (die)

deštník
265 Kč

sluneční brýle
530 Kč

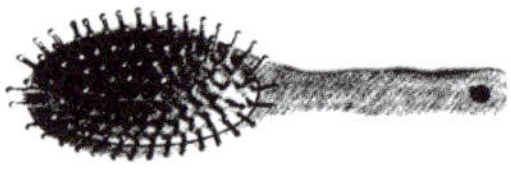

kartáč na vlasy
98 Kč

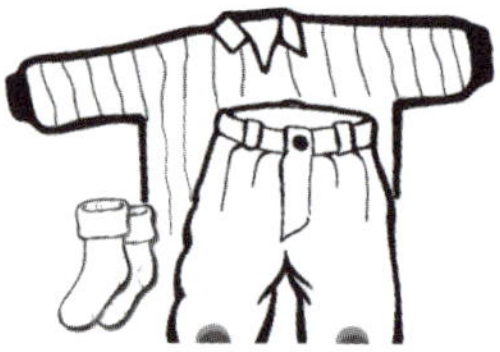

oblečení
1457 Kč

boty
919 Kč

krém na opalování
74 Kč

Die Krone ist die tschechische Währungseinheit. Der internationale Währungscode ist CZK, aber in Tschechien wird meistens die Abkürzung «Kč» verwendet.

Lektion 3

Begrüßungen und Verabschiedungen

Georg: Jetzt sind wir schon fast an der tschechischen Grenze. Wie grüße ich denn auf Tschechisch?

Emma: Auf Tschechisch grüßt man so:

8

Dobrý	den.
↓	↓
Guten	Tag.

Dobrý	večer.
↓	↓
Guten	Abend.

Georg: Ja genau, jetzt erinnere ich mich wieder! Und verabschieden kann ich mich mit:

9

Na	shledanou.
↓	↓
Auf	Wiedersehen.

Ahoj.
↓
Tschüss.

Georg: Aber wieso sagen manche «ahoj», wenn sie sich treffen?

Emma: Weil «ahoj» sowohl «hallo» als auch «tschüss» bedeutet.

Georg: Und ich dachte eigentlich, dass Tschechisch kompliziert sei.

Georg: Gibt es zum Beispiel Wörter, die im Deutschen und im Tschechischen gleich sind?

Emma: Ja, schon, zum Beispiel: paprika, telefon, krokodýl, auto, cirkus, delfín, traktor usw.

Und weißt du, was das Beste daran ist? Man schreibt alle Wörter klein!

Georg: Wirklich alle Wörter?

Emma: Ja, bis auf Eigennamen, wie zum Beispiel Namen von Personen, Firmen, Bergen, Flüssen, Städten, Staaten etc. und natürlich den Satzanfang.

Georg: Es gibt auch keine Umlaute im Tschechischen, stimmt das?

Emma: Ja, das stimmt, «müssen» schreibt man auf Tschechisch «muset».
Jetzt wird es aber noch einfacher! Im Tschechischen gibt es auch keine Doppelbuchstaben; das deutsche Wort «Kassette» schreibt man auf Tschechisch «kazeta».
Und das Wichtigste: Es gibt keine Artikel «der/die/das» sowie «ein/eine» wie im Deutschen, die Auskunft über das Geschlecht geben.

Georg: Scheint wirklich einfach zu sein. Dann kann es ja losgehen! Lernen wir Tschechisch!

Lektion 4

An der Rezeption

Emma: Wir sind schon fast da. Wir haben nur noch einhundert Kilometer bis zum Hotel. Lass uns doch mal eine mögliche Szene im Hotel üben.

🎧 10

Dobrý den a srdečně Vás vítáme!
↓ ↓ ↓ ↓ ↓
Guten Tag und herzlich willkommen!

Dobrý den, moje jméno je Georg Müller.
↓ ↓ ↓ ↓ ↓ ↓
Guten Tag, mein Name ist Georg Müller.

Prosím, doklady.
↓ ↓
Bitte sehr, die Dokumente.

Děkuji, máte apartment číslo 2.
↓ ↓ ↓ ↓ ↓
Danke, Sie haben Apartment Nummer 2.

Příjemný pobyt.
↓ ↓
Angenehmen Aufenthalt.

Děkuji, na shledanou.
↓ ↓ ↓
Danke, auf Wiedersehen.

Emma: Georg, du wirkst irgendwie nachdenklich.
Georg: Ja, vielleicht ein wenig. Ich frage mich nur, wer jetzt alle unsere Koffer tragen wird!
Emma: Wahrscheinlich du.
Georg: Ja, wahrscheinlich, wie immer.

Lektion 5

Im Zimmer

Georg: Emma, hier im Hotelzimmer können wir den weiteren Wortschatz üben. Wie frage ich auf Tschechisch «Was ist das»?

Emma: «Was ist das?» heißt auf Tschechisch: «Co je to?»

11

Tschechisch	Deutsch
balkón (m)	Balkon (der)
je	ist
mapa (w)	Stadtplan (der)
kufr (m)	Koffer (der)
co	was
nádraží (s)	Bahnhof (der)
růže (w)	Rose (die)
to	das
váza (w)	Vase (die)
píseň (w)	Lied (das)
kolo (s)	Rad (das)
pole (s)	Feld (das)
kotě (s)	kleine Katze (die), Kätzchen (das)
víno (s)	Wein (der)
místnost (w)	Raum (der)
zábradlí (s)	Geländer (das)
cíl (m)	Ziel (das)
učitel (m)	Lehrer (der)
žák (m)	Schüler (der)
srdce (s)	Herz (das)
hrad (m)	Burg (die)
televize (w)	Fernseher (der)
soudce (m)	Richter (der)

Tschechisch	Deutsch
okno (s)	Fenster (das)
rádio (s)	Radio (das)
hodiny (w Mehrzahl)	Uhr (die)
gauč (m)	Sofa (das)
stůl (m)	Tisch (der)
židle (w)	Stuhl (der)
láhev (w)	Flasche (die)
sklenice (w)	Glas (das)
ocet (m)	Essig (der)
olej (m)	Öl (das)
a	und
ano	ja
šálek (m)	Tasse (die) [flache Form]
hrnek (m)	Tasse (die)
talíř (m)	Teller (der)
že (ano)?	nicht wahr?

Co je to?
↓ ↓ ↓
Was ist das?

Die Antworten auf die Frage:
Weibliches Geschlecht (w): Weibliche Personen, Weibchen und typischerweise Hauptwörter, die auf «**a**» enden, aber auch oft auf «**e/ě**». Weiblichen Geschlechts können auch Wörter sein, die auf einen Konsonanten enden. Typische Endungen mit Konsonant sind «**c**», «**uv**», «**ž**», «**st**», «**ď**», «**ň**»,«**ř**» und «**ť**». Ausnahmen: «**most**» (dt. «Brücke»), «**host**» (dt. «Gast»), «**prst**» (dt. «Finger»), «**oheň**» (dt. «Feuer») sind männlichen Geschlechts.

To je váza.
↓ ↓ ↓
Das ist eine Vase.

To je mapa.
↓ ↓ ↓
Das ist ein Stadtplan.

To je televize.
↓ ↓ ↓
Das ist ein Fernseher.

Sächliches Geschlecht (s): Alle Jungtiere, Adelstitel und typischerweise Hauptwörter, die auf «**o**» oder «**í**» enden. «**e/ě**» kommt hier auch vor mit den Endungen «**ne**», «**ce**» und «**ře**».

To je víno.	Das ist Wein.
To je nádraží.	Das ist ein Bahnhof.
To je srdce.	Das ist ein Herz.

Männliches Geschlecht (m): Typischerweise Hauptwörter, die auf einen **Konsonanten** enden.
Männliche Personen- und Berufsbezeichnungen können aber auch auf «**a**» oder «**e**» enden.

To je kufr.	Das ist ein Koffer.
To je hrad.	Das ist eine Burg.
To je soudce.	Das ist ein Richter.

Emma: Georg, wie du siehst, ist das Geschlecht eines Hauptwortes durch die Endung nicht eindeutig bestimmbar. Hinzu kommen noch etliche Ausnahmen.
Deshalb ist es ganz wichtig, dass du dir beim Erlernen der Wörter merkst, welche Wörter weiblichen, welche männlichen und welche sächlichen Geschlechts sind.
Dieses Wissen brauchen wir dann später in fast jeder Lektion. Aber Vorsicht! Das Geschlecht eines Hauptwortes im Tschechischen muss nicht mit dem Geschlecht eines Wortes im Deutschen übereinstimmen.
Siehe dazu ein Beispiel: Im Deutschen ist der Stuhl männlich, im Tschechischen ist der Stuhl («židle») weiblich.

12 Text zur Lektion

Georg:	To je sklenice, že?	Das ist ein Glas, nicht wahr?
Emma:	Ano, to je sklenice.	Ja, das ist ein Glas.
Georg:	A to je láhev, že?	Und das ist eine Flasche, nicht wahr?
Emma:	Ano, to je láhev.	Ja, das ist eine Flasche.
Georg:	Co je to?	Was ist das?
Emma:	To je šálek.	Das ist eine Tasse.
Georg:	A to?	Und das?
Emma:	To je talíř.	Das ist ein Teller.
Georg:	A co je to?	Und was ist das?
Emma:	To je olej a to je ocet.	Das ist Öl und das ist Essig.

Lektion 6

Das Mittagessen

Das Mittagessen wird zwischen 12 und 14 Uhr serviert. Emma sollte angeblich gleich fertig sein.

Jetzt ist es 11 Uhr.
Georg wartet auf Emma
und lernt Tschechisch.

Jetzt ist es 12 Uhr.
Georg wartet immer noch.

13

Tschechisch	Deutsch
dítě (s)	Kind (das)
zvíře (s)	Tier (das)
noc (w)	Nacht (die)
kotě (s)	Kätzchen (das)
kamarád (m)	Freund (der)
učitel (m)	Lehrer (der)

Jetzt ist es fast 13 Uhr. Emma ist endlich fertig oder sie glaubt fertig zu sein.

Georg: Oh, du bist fast fertig. Kannst du mir dann sagen, wie ich auf Tschechisch die Mehrzahl bilde?

Emma: Um die Mehrzahl zu bilden, ist es wieder sehr wichtig zu wissen, was für ein Geschlecht und was für eine Endung die Wörter haben.

Regeln:

weiblich auf **a** > **y**

To je váza.
Das ist eine Vase.

To jsou vázy.
Das sind Vasen.

weiblich auf **e/ě** > **e/ě**

To je růže.
Das ist eine Rose.

To jsou růže.
Das sind Rosen.

weiblich auf **harte Konsonanten** > **i**

To je noc.
Das ist eine Nacht.

To jsou noci.
Das sind Nächte.

weiblich auf **weiche Konsonanten** > **e/ě**

To je píseň. ↓ ↓ ↓ Das ist ein Lied.	To jsou písně. ↓ ↓ ↓ Das sind Lieder.

sächlich auf **o** > **a**

To je kolo. ↓ ↓ ↓ Das ist ein Rad.	To jsou kola. ↓ ↓ ↓ Das sind Räder.

sächlich auf **í** > **í**

To je zábradlí. ↓ ↓ ↓ Das ist ein Geländer.	To jsou zábradlí. ↓ ↓ ↓ Das sind Geländer.

sächlich auf **e** > **e**, es sei denn es handelt sich um junge Tiere / Adelstitel (+ děvče, zvíře), dann -**ata**

To je pole. ↓ ↓ ↓ Das ist ein Feld.	To jsou pole. ↓ ↓ ↓ Das sind Felder.
To je kotě. ↓ ↓ ↓ Das ist ein Kätzchen.	To jsou koťata. ↓ ↓ ↓ Das sind Kätzchen.

männlich belebt > **i**, auch **ové** oder **é**, je nach Endung

To je kamarád. ↓ ↓ ↓ Das ist ein Freund.	To jsou kamarádi. ↓ ↓ ↓ Das sind Freunde.

To je učitel.	To jsou učitelé.
Das ist ein Lehrer.	Das sind Lehrer.

wenn Plural-Endung **i**, dann Alternationen: **k** > **c**, **h** > **z**, **ch** > **š**, **d** > **ď**, **t** > **ť**, **n** > **ň**, **r** > **ř**

To je žák.	To jsou žáci.
Das ist ein Schüler.	Das sind Schüler.

männlich **unbelebt** auf **harte** und **neutrale** Konsonanten > **y**

To je hrad.	To jsou hrady.
Das ist eine Burg.	Das sind Burgen.

männlich **unbelebt** auf **weiche** Konsonanten sowie -**l**, -**z** > **e**

To je cíl.	To jsou cíle.
Das ist ein Ziel.	Das sind Ziele.

Georg: Emma, wie frage ich auf Tschechisch, ob das eine Gabel ist?

Emma: Ganz einfach, «to je» bedeutet auf Tschechisch «das ist». Jetzt muss man nur die Reihenfolge der beiden Wörter zu «je to» ändern: «Je to vidlička?»

Georg: So ist das! Also genau wie im Deutschen!

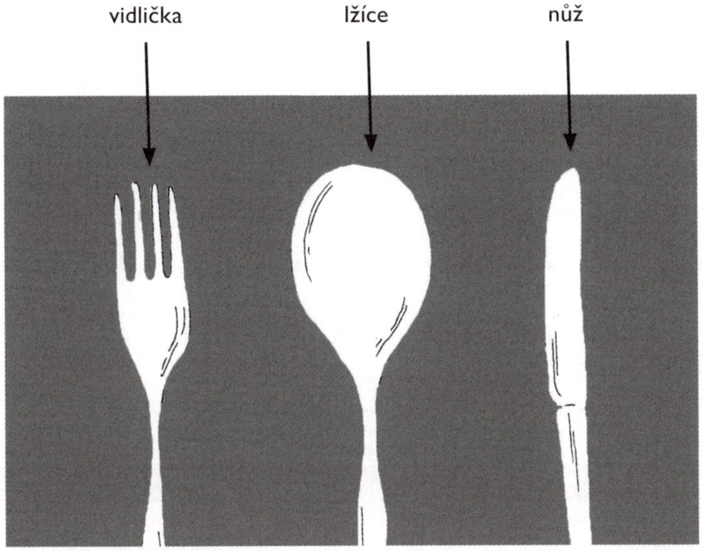

14

Tschechisch	Deutsch
koláč (m)	(Backblech-)Kuchen (der)
není	ist nicht
nůž (m)	Messer (das)
dort (m)	Torte (die)
vidlička (w)	Gabel (die)
lžíce (w)	Löffel (der)

Je to dort?
↓ ↓ ↓
Ist das eine Torte?

Ano, to je dort.
↓ ↓ ↓ ↓
Ja, das ist eine Torte.

Je to dort?
↓ ↓ ↓
Ist das eine Torte?

Ne, to není dort, to je koláč.
↓ ↓ ↓ ↓ ↓ ↓ ↓
Nein, das ist keine Torte, das ist der Kuchen.

Georg: Wie kann ich dann die Fragen in der Mehrzahl stellen? Wie frage ich zum Beispiel, ob das Gabeln sind?

To jsou vidličky.
↓ ↓ ↓
Das sind Gabeln.

Jsou to vidličky?
↓ ↓ ↓
Sind das Gabeln?

Georg:	Jetzt muss ich nur noch wissen, wie Lockenwickler auf Tschechisch heißen!
Emma:	Wieso musst du das wissen? Du brauchst doch keine Lockenwickler!
Georg:	Das wirst du gleich sehen.
Emma:	Na gut, die heißen auf Tschechisch «natáčky».

15

Tschechisch	Deutsch
tady	hier
salát (m)	Salat (der)
strašný/-á/-é	schrecklich
spona do vlasů (w)	Haarspange (die)
tam	dort
natáčky (w Mehrzahl)	Lockenwickler (die)

16 Text zur Lektion

Georg:	Je tady salát?	Ist der Salat hier?
Emma:	Ano, tady je salát.	Ja, hier ist der Salat.
	Tam jsou talíře a tam jsou sklenice.	Dort sind die Teller und hier sind die Gläser.
Georg:	Co je to?	Was ist das?
	Je to spona na vlasy?	Ist das eine Haarspange?
Emma:	To není spona na vlasy.	Das ist keine Haarspange.
	To jsou natáčky.	Das sind Lockenwickler.

No strašný!
Hrůza!!
Entsetzen!
entsetzlich
Ha ha ha!

Lektion 7

Die Suche

Nach dem Mittagessen wollen Georg und Emma einen Spaziergang machen. Emma will sich vorher umziehen, und die Suche nach ihren Sachen beginnt.

Georg: Wie sagt man «meine» und «mein» auf Tschechisch?
Emma: Da ich jetzt sowieso einige Sachen suchen muss, kannst du das gleich mitlernen.

17

Tschechisch	Deutsch
kde	wo
šaty (w Mehrzahl)	Kleid (das), Anzug (der)
košile (w)	Hemd (das)
můj/moje/moje	mein/meine/mein
peněženka (w)	Geldbörse (die)
parfém (m)	Parfüm (das)
proti	gegen
spodní prádlo (s)	Unterwäsche (die)
rtěnka (w)	Lippenstift (der)
sukně (w)	Rock (der)
spálení od slunce (w)	Sonnenbrand (der)
klíč (m)	Schlüssel (der)
taška (w)	Tasche (die)
tvůj/tvoje/tvoje (m/w/s)	dein/deine/dein
zrcadlo (s)	Spiegel (der)

Ist das Hauptwort **weiblich**, dann sagt man zu mein/meine «**moje**».

Kde je moje peněženka?
↓ ↓ ↓ ↓
Wo ist meine Geldbörse?

Kde je moje košile?
↓ ↓ ↓ ↓
Wo ist mein Hemd?

Kde je moje taška?
↓ ↓ ↓ ↓
Wo ist meine Tasche?

Kde je moje sukně?
↓ ↓ ↓ ↓
Wo ist mein Rock?

Ist das Hauptwort **sächlich**, dann sagt man zu mein/meine auch «**moje**».

Kde je moje spodní prádlo?
↓ ↓ ↓ ↓
Wo ist meine Unterwäsche?

Kde je moje zrcadlo?
↓ ↓ ↓ ↓
Wo ist mein Spiegel?

Ist das Hauptwort **männlich**, dann sagt man zu mein/meine «**můj**».

Kde je můj parfém?
↓ ↓ ↓ ↓
Wo ist mein Parfüm?

Kde je můj klíč?
↓ ↓ ↓ ↓
Wo ist mein Schlüssel?

Georg: Emma, welche Regeln gelten denn für «deine» und «dein», etwa die gleichen?

Emma: Stimmt genau. «Deine/dein» bedeutet auf Tschechisch «**tvoje, tvůj**».

Georg: Wenn ich dich also nach deinen Sachen frage, dann frage ich so: «Kde je tvoje košile, kde je tvoje zrcadlo, kde je tvůj olej»?

Emma: Richtig!

Georg: Dann kann ich dir jetzt ja bei der Suche helfen.

Ist das Hauptwort **weiblich**, dann sagt man zu dein/deine «**tvoje**».

Tvoje peněženka je tady!
↓ ↓ ↓ ↓
Deine Geldbörse ist hier!

Tvoje taška je tady!
↓ ↓ ↓ ↓
Deine Tasche ist hier!

Ist das Hauptwort **sächlich**, dann sagt man zu dein/deine auch «**tvoje**».

Tvoje spodní prádlo je tady!
↓ ↓ ↓ ↓
Deine Unterwäsche ist hier!

Tvoje zrcadlo je tady!
↓ ↓ ↓ ↓
Dein Spiegel ist hier!

Ist das Hauptwort **männlich**, dann sagt man zu dein/deine «**tvůj**».

Tvůj parfém je tady!
↓ ↓ ↓ ↓
Dein Parfüm ist hier!

Tvůj olej je tady!
↓ ↓ ↓ ↓
Dein Öl ist hier!

Georg: Können wir jetzt kurz noch die Fragen mit «ist das» wiederholen? Ich glaube, die habe ich langsam vergessen.

Emma: Ja, klar. Hier sind einige Fragestellungen.

Je to tvoje košile?
↓ ↓ ↓ ↓
Ist das dein Hemd?

Je to tvoje zrcadlo?
↓ ↓ ↓ ↓
Ist es dein Spiegel?

Je to tvůj parfém?
↓ ↓ ↓ ↓
Ist das dein Parfüm?

18

Tschechisch	Deutsch
také	auch
mobil (m)	Handy (das)
ponětí (s)	Ahnung (die)
tak	dann
pivo (s)	Bier (das)
podívat	schauen
jízdenka (w)	Fahrschein (der)
vše	alles
v pořádku	in Ordnung
pořádek (m)	Ordnung (die)
mít	haben
nemám	ich habe nicht
supr	super
jít	gehen

19 Text zur Lektion

Georg:	Podívej, Emmo! Tvůj klíč je tady a tvoje taška je tam.	Schau, Emma! Dein Schlüssel ist hier und deine Tasche ist dort.
Emma:	Supr. Tak je vše tady.	Super. Dann ist alles hier.
Georg:	Jdeme!	Gehen wir!
Emma:	V pořádku.	In Ordnung.

O 20 minut později v parku: — 20 Minuten später im Park:

Emma:	Je to tvůj deštník?	Ist das dein Regenschirm?
Georg:	Ano, to je můj deštník.	Ja, das ist mein Regenschirm.
Emma:	Kde je můj deštník?	Wo ist mein Regenschirm?
Georg:	Nemám ponětí. Tady je také můj mobil a moje jízdenka.	Ich habe keine Ahnung. Hier ist auch mein Handy und mein Fahrschein.

Lektion 8

Stadtbesichtigung

Georg: Hier an der Brücke ist es so schön. Jetzt da wir hier sind, kannst du mir mehr tschechische Wörter beibringen.

Emma: Welche Wörter interessieren dich?

Georg: Einige Wiewörter wären sehr interessant, wie zum Beispiel «kalt», «schön».

Emma: Das Wichtigste bei den Wiewörtern ist, dass du das Geschlecht des Hauptwortes berücksichtigst.

Georg: Irgendwie habe ich schon begriffen, dass das Geschlecht eines Hauptwortes in der tschechischen Sprache sehr wichtig ist.

20

Tschechisch	Deutsch
parník (m)	Dampfschiff (das)
studený/studená/studené	kalt
most (m)	Brücke (die)
pěkný/pěkná/pěkné	schön
řeka (w)	Fluss (der)
divadlo (s)	Theater (das)
dobrý/dobrá/dobré	gut
pobřeží (s)	Ufer (das)
zmrzlina (w)	Eiscreme (die)
zavřený/zavřená/zavřené	geschlossen
pomalý/pomalá/pomalé	langsam
plný/plná/plné	voll
velká/velké/velký	groß
malá/malé/malý	klein

Ist das Hauptwort **weiblich**, dann endet das zugehörige Wiewort auf «**á**».

Řeka je studená.
↓ ↓ ↓
Der Fluss ist kalt.

Zmrzlina je dobrá.
↓ ↓ ↓
Die Eiscreme ist gut.

Ist das Hauptwort **sächlich**, dann endet das zugehörige Wiewort auf «**é**».

Pobřeží je pěkné.
↓ ↓ ↓
Das Ufer ist schön.

Divadlo je zavřené.
↓ ↓ ↓
Das Theater ist geschlossen.

Ist das Hauptwort **männlich**, dann endet das zugehörige Wiewort auf «**ý**».

Most je plný.
↓ ↓ ↓
Die Brücke ist voll.

Parník je pomalý.
↓ ↓ ↓
Das Dampfschiff ist langsam.

Georg je velký.
Emily je malá.

Emma: So, das waren einige Wiewörter für den Anfang. Es gibt im Tschechischen auch noch die sogenannten weichen Wiewörter, die unabhängig vom Geschlecht immer auf «í» enden. Eine Auswahl:

Tschechisch	Deutsch
cizí	fremd
polní cesta	Feldweg
hrací hodiny	Spieluhr

21

Tschehisch	Deutsch
vpravo	rechts
vlevo	links
rovně	geradeaus
tak	so
opravdu	wirklich
pomník (m)	Denkmal (das)
dlouhý/dlouhá/dlouhé	lang
široký/široká/široké	breit
ale	aber
ulice (w)	Straße

22 Text zur Lektion

Georg:	Město je tak pěkné, ale vzduch je opravdu studený.	Die Stadt ist so schön, aber die Luft ist wirklich kalt.
Emma:	Podívej, tam rovně je divadlo.	Schau, dort geradeaus ist ein Theater.
Georg:	Kde?	Wo?
Emma:	Tam vlevo.	Dort links.
Georg:	Ano. To je malé divadlo. Podívej, tam vpravo!	Ja. Das ist ein kleines Theater. Schau dort rechts!
Emma:	Co je tam vpravo?	Was ist dort rechts?
Georg:	To je pomník, že?	Das ist ein Denkmal, nicht wahr?
Emma:	Ano, to je pomník. Pomník je tak široký a ulice je dlouhá.	Ja, das ist ein Denkmal. Das Denkmal ist so breit und die Straße ist lang.

Lektion 9

Nach der Stadtbesichtigung

Georg: Nach der Stadtbesichtigung werde ich immer müde. Wie sage ich auf Tschechisch, dass ich müde bin und du glücklich bist?

Emma: Das sind alles Wiewörter, die auf die Frage «wie ist etwas oder jemand?» antworten. Alle Wiewörter im Tschechischen sind wieder abhängig vom Geschlecht des Hauptwortes.

Aber vorher lernen wir Folgendes:

23

Hilfsverb «být – sein»

Einzahl:			Mehrzahl:		
já jsem	–	ich bin	my jsme	–	wir sind
ty jsi	–	du bist	vy jste	–	ihr seid
on/ona/ono je	–	er/sie/es ist	oni jsou	–	sie sind

24

Tschechisch	Deutsch
žena (w)	Frau (die)
šťastný/šťastná/šťastné	glücklich
dáma (w)	Dame (die)
unavený/unavená/unavené	müde

Já (Georg) jsem šťastný.
↓ ↓ ↓
Ich (Georg) bin glücklich.

Ty (Emma) jsi šťastná.
↓ ↓ ↓
Du (Emma) bist glücklich.

Ono (kotě) je šťastné.
↓ ↓ ↓
Es (Kätzchen) ist glücklich.

Georg: Die Verwendung der Wiewörter in der Einzahl habe ich verstanden, aber wie endet das Wiewort in der Mehrzahl? Wahrscheinlich hängt es auch vom Geschlecht ab, oder?

Emma: Ja, genau!

Wenn das Hauptwort **weiblich** ist, dann endet das zugehörige Wiewort in der Mehrzahl auf «**é**».

Vy ženy jste unavené.
↓ ↓ ↓ ↓
Ihr Frauen seid müde.

Wenn das Hauptwort **sächlich** ist, dann endet das zugehörige Wiewort in der Mehrzahl auf «**á**».

Divadla jsou zavřená.

Die Theater sind geschlossen.

Wenn das Hauptwort **männlich** und **belebt** ist, dann endet das zugehörige Wiewort in der Mehrzahl auf «**í**».

My páni jsme unavení.

Wir Herren sind müde.

Wenn das Hauptwort **männlich** und **unbelebt** ist, dann endet das zugehörige Wiewort in der Mehrzahl auf «**é**».

Koláče jsou dobré.

Die Kuchen sind gut.

Georg: Soweit ist alles klar. Aber was ist, wenn eine Gruppe aus Männern und Frauen besteht? Welche Regel gilt dann?

Emma: Sobald sich ein Mann in einer Gruppe von Frauen befindet, wird die Regel für «männlich und belebt» angewandt: «**í**»

Dámy a pánové jsou unavení.

Die Damen und Herren sind müde.

Georg: Und verhält es sich mit den **weichen** Wiewörtern in der Mehrzahl? Bleibt es bei der Endung «**í**»?

Emma: Richtig vermutet!

Einzahl:
Cizí kolo. – Fremdes Rad.

Mehrzahl:
Cizí kola. – Fremde Räder.

Georg: Und wie sage ich auf Tschechisch «Ich bin nicht glücklich»?
Emma: Vielleicht kannst du das selber herausfinden.

25 **So lautet die Verneinung des Hilfsverbs «být» – «sein»:**

Einzahl:		Mehrzahl:	
já nejsem	– ich bin nicht	my nejsme	– wir sind nicht
ty nejsi	– du bist nicht	vy nejste	– ihr seid nicht
on/ona/ono není	– er/sie/es ist nicht	oni nejsou	– sie sind nicht

Georg: Dann kenne ich jetzt die Antwort: «Já nejsem šťastný».

26

Tschechisch	Deutsch
vařit	kochen
jistě	sicherlich
všichni	alle
vždy	immer
bez	ohne
energie (w)	Energie (die)

27 Text zur Lektion

Emma:	Ty jsi jistě unavený.	Du bist sicherlich müde!
Georg:	Ano, já jsem unavený.	Ja, ich bin müde.
Emma:	A Beni je také unavený?	Und Beni ist auch müde?
Georg:	On je vždy unavený.	Er ist immer müde.
	A Emily je unavená?	Und Emily ist müde?
Emma:	Ona není unavená, ona je fit.	Sie ist nicht müde, sie ist fit.
Georg:	Ona je také šťastná.	Sie ist auch glücklich.
	Já jsem také šťastný,	Ich bin auch glücklich,
	ale bez energie.	aber ohne Energie.
Emma:	Jdeme vařit!	Gehen wir kochen!

Lektion 10

Im Apartment

Georg: Du hast vorher am Strand «jdeme vařit» gesagt. Es ist gut, dass wir endlich angefangen haben auch die Verben (Tunwörter) zu lernen. Wie lautet eigentlich die Endung eines Verbs?

Emma: Die Verben enden in der Grundform auf **t** («**t**», «**it**», «**et**», «**at**») und «**ovat**». Die ich-Form erkennst du entweder an der Endung «**ím**», «**ám**», «**uju**», «**uji**», «**nu**» oder nur «**u**».

28

Grundform:	**ich-Form:**
vařit – kochen	já vař**ím** – ich koche
prosit – bitten	já pros**ím** – ich bitte
uklízet – aufräumen	já uklíz**ím** – ich räume auf
neuklízet – nicht aufräumen	já neuklíz**ím** – ich räume nicht auf
hledat – suchen	já hled**ám** – ich suche
poslouchat – hören	já posluch**ám** – ich höre
dělat – machen	já děl**ám** – ich mache
nést – tragen	já nes**u** – ich trage
pracovat – arbeiten	já prac**uju** (ugs.), já prac**uji** (form.) – ich arbeite
začít – anfangen	já zač**nu** – ich fange an

Georg: Wie lautet die verneinte Form der genannten Verben?

Emma: Im Gegensatz zum Deutschen steht das Wort «ne» – «nein/nicht» nicht hinter dem Verb, sondern es hängt direkt vorne am Verb.

Georg: Dann würde die verneinte Form so lauten: «Já **ne**vařím» – «ich koche nicht» / «já **ne**slyším» – «ich höre nicht» / «já **ne**pracuju» – «ich arbeite nicht» ... usw.

Emma: Ja, genau. Und die **du-Form** erkennst du an der Endung «**íš**», «**áš**», «**neš**», «**uješ**» oder nur «**eš**».

29

Ty vař**íš**. ↓ Du kochst.	Ty děl**áš**. ↓ Du machst.	Ty prac**uješ**. ↓ Du arbeitest.	Ty zač**neš**. ↓ Du fängst an.

Georg: Dann lautet die verneinte Form so: «Ty nevaříš» – «du kochst nicht» / «ty nepracuješ» – «du arbeitest nicht» / «ty neděláš» – «du machst nicht» usw.

Emma: Stimmt genau. Die verneinte Form ist wirklich nicht schwierig.

30

Tschechisch	Deutsch
ne	nein/nicht
nic	nichts
něco	etwas
hádat	raten
hádej!	rate mal!
rádio (s)	Radio (das)
oběd (m)	Mittagessen (das)
teď	jetzt
bohužel	leider
správně	richtig

31 Text zur Lektion

Emma:	Já teď vařím oběd. Co ty teď děláš?	Ich koche jetzt das Mittagessen. Was machst du jetzt?

Georg:	Hádej!	Rate mal!
Emma:	Ty posloucháš rádio!	Du hörst Radio!
Georg:	Ne.	Nein.
Emma:	Ty uklízíš!	Du räumst auf!
Georg:	Ne, já nic neuklízím.	Nein, ich räume nichts auf.
Emma:	Tak jistě hledáš mobil!	Du suchst sicherlich das Handy!
Georg:	Ano, správně. Vydíš kde je?	Ja, richtig. Siehst du, wo es ist?
Emma:	Bohužel ne.	Leider nicht.

Lektion 11

Fragen ohne Ende

Georg: Ein Mann in der Stadt sagte «divadlo je velký» und nicht «divadlo je velké», wie du es mir beigebracht hast. Wie kommt es?

Emma: Das liegt daran, dass Tschechisch in nicht-formalen Situationen anderen Grammatikregeln folgt.

Georg: Muss ich die Regeln der tschechischen Umgangssprache in nicht-formalen Situationen anwenden?

Emma: Musst du nicht unbedingt. Aber wenn du sie nicht anwendest, wirst du nie als Tschechisch-Muttersprachler durchgehen.

Georg: Die Herausforderung nehme ich an! Wie lauten die Regeln der Umgangssprache?

Emma: Okay, ich verrate dir eine wichtige Regel.

32

Tschechisch	Deutsch
kabát (m)	Mantel (der)
sako (s)	Sakko (der, das)
chytrý/chytrá/chytré	schlau
čistý/čistá/čisté	sauber
postel (w)	Bett (das)
než	als

Wenn das Hauptwort **männlich** ist, endet das zugehörige Wiewort auf «**ej**» (und nicht auf «ý»).

Můj kabát je špinavej.
↓ ↓ ↓ ↓
Mein Mantel ist schmutzig.

Wenn das Hauptwort **sächlich** ist, endet das zugehörige Wiewort auf «**ý**» (und nicht mehr auf «é»).

Tvoje sako je čistý.
↓ ↓ ↓ ↓
Dein Sakko ist sauber.

Wenn das Hauptwort **weiblich** ist, endet das zugehörige Wiewort weiterhin auf «**á**».

Naše Emily je chytrá.
↓ ↓ ↓ ↓
Unsere Emily ist schlau.

Emma: Aber jetzt zurück zum formellen Tschechisch!
Georg: Dann würde mich interessieren, wie ich die Wiewörter steigern kann.
Emma: Gerne erkläre ich dir, wie du zwei Hauptwörter im Hinblick auf ihre Eigenschaft vergleichen kannst.

Die **gesteigerten** Wiewörter enden in den meisten Fällen auf «**ější**» bzw. «**ejší**».

Můj kabát je špinavý.
↓ ↓ ↓ ↓
Mein Mantel ist schmutzig.

Tvůj kabát je špinavější.
↓ ↓ ↓ ↓
Dein Mantel ist schmutziger.

Emma: Wie im Deutschen gibt es auch im Tschechischen unregelmäßige Steigerungsformen.
Georg: Na, da bin ich aber gespannt!

33

dobrý – lepší	gut – besser
špatný – horší	schlimm – schlimmer
velký – větší	groß – größer
malý – menší	klein – kleiner
dlouhý – delší	lang – länger
málo – méně	wenig – weniger

Georg: Und wenn ich zum Beispiel «das ist das größte Bett» sagen möchte? Wie lautet «das größte» auf Tschechisch?

Emma: In diesem Punkt brauchst du dir nicht den Kopf zu zerbrechen. Du stellst einfach ein «nej» vor «větší».

Georg: Dann müsste mein Satz lauten: «To je největší postel».

Emma: Du hast es erfasst!

Merke:
als = než
Beni je větší než Emily. – Beni ist größer als Emily.

Lektion 12

Glücklich im Urlaub

Georg: Weißt du, worüber ich gestern Abend nachgedacht habe?
Emma: Nein, weiß ich nicht.
Georg: Wie die Verb-Endung in der wir-Form lauten könnte.
Emma: Das können wir jetzt lernen.

34

Tschechisch	Deutsch
začít	beginnen
hlad (m)	Hunger (der)
mít	haben

In der **wir-Form** enden die Verben auf «**íme**», «**áme**», «**ujeme**» und «**eme**».

35

My vaříme.
Wir kochen.

My děláme.
Wir machen.

My pracujeme.
Wir arbeiten.

My začneme.
Wir fangen an.

Georg: Uns geht es hier im Urlaub so gut. Wir haben in unserem Apartment alles, was wir brauchen. Wir haben einen Fernseher und ein Radio und sonst auch alles. Wie kann ich das auf Tschechisch sagen?
Emma: «Haben» lautet auf Tschechisch «mít» und hat folgende Formen:

36

Já mám hlad.
Ich habe Hunger.

Ty máš hlad.
Du hast Hunger.

On má hlad.
Er hat Hunger.

My máme hlad.
Wir haben Hunger.

Vy máte hlad.
Ihr habt Hunger.

Oni mají hlad.
Er hat Hunger.

Emma: Wobei die Pronomen «já», «ty,» «on/ona/ono», «my», «vy», «oni/ony» in der Regel ausgelassen werden: Es reicht zu sagen «Mám hlad», «máš hlad», «máme hlad», weil wir die jeweilige Form schon an der Endung erkennen.

Georg: Das spart eine Menge Tinte, ha ha.

Emma: Lass uns jetzt die Konversation auf Tschechisch ohne die Pronomen fortführen. Zuvor musst du aber noch eins wissen: In einem tschechischen Nebensatz befinden sich die Tunwörter direkt nach der Konjunktion, nicht am Ende wie in einem deutschen Nebensatz.

Georg: Verstanden, lass uns loslegen!

37

Tschechisch	Deutsch
často	oft
že	dass
počítač (m)	Computer (der)
někdy	manchmal
žádný/žádná/žádné	kein/keine/keines
nýbrž	sondern
štěstí (w)	Glück (das)
nejen	nicht nur
doma	zu Hause
potraviny (w Mehrzahl)	Lebensmittel (die)
správně	richtig
dobře	gut
venku	auswärts, raus, draußen
jíst	essen
špagety (w Mehrzahl)	Spaghetti (die)
restaurace (w)	Restaurant (das)
velice	sehr

38 Text zur Lektion

Emma:	Máme štěstí, že tady vše máme.	Wir haben Glück, dass wir hier alles haben.
Georg:	Ano, máme televizor.	Ja, wir haben einen Fernseher.
Emma:	Správně, a nejen televizor, nýbrž také počítač.	Richtig, und nicht nur einen Fernseher, sondern auch einen Computer.
Emma:	Ale často čteme také noviny.	Aber häufig lesen wir auch Zeitung.

Georg:	Posloucháme také někdy rádio.	Wir hören auch manchmal Radio.
Georg:	Večer doma nevaříme?	Am Abend kochen wir nicht zu Hause?
Emma:	Ne, doma nemáme žádné potraviny.	Nein, zu Hause haben wir keine Lebensmittel.
Georg:	Dobře. Restaurace je lepší, než jíst doma špagety.	Gut. Restaurant ist besser als zu Hause Spaghetti essen.
Emma:	Jsem velice šťastná, že jíme venku.	Ich bin sehr glücklich, dass wir auswärts essen.

Merke:
Doppelte Verneinung im Tschechischen bei «wir haben kein/e/en ...»:
Nemáme **žádný** hlad. – Wir haben keinen Hunger.

Lektion 13

Im Restaurant

Georg: Emma, du hast «jíme» gesagt. Der Form nach müsste es die wir-Form eines Tunworts sein. Aber welches ist es? Das bereitet mir Kopfzerbrechen.

Emma: Von «essen». Das konntest du schwer erkennen. Es wird nämlich unregelmäßig gebildet. Die unregelmäßigen «haben» und «sein» hast du schon kennengelernt, weitere unregelmäßige Verben sind «essen» «sehen», «stehen/kosten», «wollen», «gehen», «fahren» und «wissen».

39

Tschechisch	Deutsch
ubrus (m)	Tischdecke (die)
hranolky (w Mehrzahl)	Pommes frites (die)
maso (s)	Fleisch (das)
kyselé zelí (s)	Sauerkraut (das)
špatně	falsch
objednat	bestellen
pít	trinken
zaplatit	bezahlen
večeřet	zu Abend essen
domů	nach Hause
ochutnat	probieren
rychle	schnell
pomalu	langsam
vidět	sehen
stát	stehen/kosten
chtít	wollen
jet	fahren
vědět	wissen
ven	raus

Unregelmäßige Verben

Vidím víno. ↓ ↓ Ich sehe den Wein.	Vidíš ubrus. ↓ ↓ Du siehst die Tischdecke.	Vidíme stůl. ↓ ↓ Wir sehen den Tisch.
Jím hranolky. ↓ ↓ Ich esse Pommes.	Jíš maso. ↓ ↓ Du isst Fleisch.	Jíme kyselé zelí. ↓ ↓ Wir essen Sauerkraut.
Stojím dobře. ↓ ↓ Ich stehe gut.	Stojíš špatně. ↓ ↓ Du stehst falsch.	Stojí to 2 koruny. ↓ ↓ Es kostet 2 Kronen.

Chci jíst.	Chceš objednat?	Chceme pít.
Ich will essen.	Willst du bestellen?	Wir wollen trinken.

Jdu zaplatit.	Jdeš ven.	Jdeme večeřet.
Ich gehe bezahlen.	Du gehst raus.	Wir gehen abendessen.

Jedu domů.	Jedeš rychle.	Jedeme pomalu.
Ich fahre nach Hause.	Du fährst schnell.	Wir fahren langsam.

Vím to.	Víš co ochutnáme?	Nevíme nic.
Ich weiß es.	Weißt du, was wir probieren?	Wir wissen nichts.

40

Tschechisch	Deutsch
dobrý večer	guten Abend
osoba (w)	Person (die)
přímo	direkt
uprostřed	in der Mitte
vadit	stören
jídelní lístek (m)	Speisekarte (die)
děkovat	danken
přát si	(sich) wünschen
pití (s)	Trinken (das)
k, ke, ku	zu
rodiče (w Mehrzahl)	Eltern (die)
bílý/bílá/bílé	weiß
červený/červená/červené	rot
děti (s Mehrzahl)	Kinder (die)
dvě (w)	zwei
limonáda (w)	Limonade (die)
hned	gleich

přinést	bringen
jídlo (ts)	Essen (das)
hlavní jídlo (s)	Hautpgericht (das)
doporučovat	empfehlen
dnes	heute
guláš (m)	Gulasch (das)
pro	für
bramborák (m)	Kartoffelpuffer (der)
vegetarián (m)	Vegetarier (der)
chápat	verstehen
čtyřikrát	viermal
moc	sehr
kolik	wie viel
nápoj (s)	Getränk (das)
dohromady	zusammen
sedm set osmdesát	siebenhundertachtzig
Na zdraví!	Prost!
ten/ta/to	der/die/das

Georg: Das war jetzt eine ganze Menge Neues. Lass mich bitte die Konversation mit der Kellnerin führen.

Emma: Toll, dann kann ich jetzt auch ein bisschen Urlaub machen.

41 Text zur Lektion

Kellnerin:	Dobrý večer.	Guten Abend.
Georg:	Dobrý večer, máte stůl pro čtyři osoby?	Guten Abend, haben Sie einen Tisch für vier Personen?
Kellnerin:	Ano, máme, ale přímo uprostřed.	Ja, haben wir, aber direkt in der Mitte.
Georg:	To nevadí. Kde je jídelní lístek?	Das macht nichts. Wo ist die Speisekarte?
Kellnerin:	Tady je jídelní lístek, prosím.	Hier ist die Speisekarte, bitte.
Georg:	Děkujeme.	Wir danken.
Kellnerin:	Co si přejete k pití?	Was wünschen Sie zu trinken?
Georg:	Pro rodiče červené a bílé víno a pro děti dvě limonády.	Für die Eltern Rot- und Weißwein und für die Kinder zwei Limonaden.
Kellnerin:	Hned to přinesu.	Ich bringe es gleich.

Georg:	Chceme také hned objednat hlavní jídlo.	Wir wollen auch gleich das Hauptgericht bestellen.
Kellnerin:	Doporučuji dnes guláš a pro děti bramboráky.	Ich empfehle heute den Gulasch und für die Kinder Kartoffelpuffer.
Georg:	Nechceme guláš, jsme vegetariáni.	Wir wollen kein Gulasch, wir sind Vegetarier.
Kellnerin:	Chápu. Tak čtyřikrát bramboráky?	Ich verstehe. Dann viermal Kartoffelpuffer?
Georg:	Ano, moc děkujeme. Kolik to vše stojí?	Ja, vielen Dank. Wie viel kostet das alles?
Kellnerin:	Nápoje a jídlo stojí dohromady sedm set osmdesát.	Getränke und Essen kosten zusammen siebenhundertachtzig.

Emma: Das hast du toll gemeistert. Darauf stoßen wir an.
Georg: Wie sagt man auf Tschechisch „Prost“?
Emma: «Na zdraví.»
Alle: «Na zdraví!»

Lektion 14

Die Planung

Georg: Wie lauten die Wochentage auf Tschechisch?
Emma: Die sind sehr einfach:

42

pondělí	–	Montag	v pondělí	–	am Montag
úterý	–	Dienstag	v úterý	–	am Dienstag
středa	–	Mittwoch	**ve** střed**u**	–	am Mittwoch
čtvrtek	–	Donnerstag	**ve** čtvrtek	–	am Donnerstag
pátek	–	Freitag	v pátek	–	am Freitag
sobota	–	Samstag	v sobot**u**	–	am Samstag
neděle	–	Sonntag	v neděl**i**	–	am Sonntag

Georg: Das ist aber komisch, dass es manchmal «v» und manchmal «ve» heißt.
Emma: Das zusätzliche «e» hinter dem «v» dient der leichteren Aussprache.
Georg: Jetzt, wo du es erwähnst wird es mir klar: «V čtvrtek» ist schwieriger auszusprechen als «ve čtvrtek».
Emma: Diese Aussprachhilfe haben auch andere einsilbige Vorwörter:

v, ve	–	in/an
k, ke, ku	–	zu
z, ze	–	aus
s, se	–	mit
pod, pode	–	unter
nad, nade	–	über

Georg: Soweit verstehe ich es, aber es verwirrt mich noch, dass es nicht «v neděle» heißt, sondern «v neděli» mit «i».
Emma: Bei der Frage wann? (tsch. «kdy?») werden der Wochentag und auch der Monatsname im Lokativ gebraucht (Ausnahme: «v sobotu» ist eine Akkusativ-Form). Das erkläre ich dir alles später genauer. Zunächst kann man in Bezug auf die Wochentage folgenden erweiterten Wortschatz auch sehr gut gebrauchen. Manche Wörter kennst du schon.

43

dnes	–	heute	zítra ráno	–	morgen früh
zítra	–	morgen	pozítří	–	übermorgen
včera	–	gestern	předevčírem	–	vorgestern
dopoledne	–	am Vormittag	včera večer	–	gestern Abend
odpoledne	–	am Nachmittag	dnes večer	–	heute Abend
v poledne	–	am Mittag	zítra večer	–	morgen Abend

44

Tschechisch	Deutsch
škoda	schade
brzo	bald
nejdřív	zunächst
nakupovat	einkaufen
totiž	nämlich
narozeniny (w Mehrzahl)	Geburtstag (der)
nejen(om)	nicht nur
dárek (m)	Geschenk (das)
potřebovat	brauchen
slavit, oslavit	feiern
zpátky	zurück
kempovat	campen
perfektní	perfekt
kam	wohin
oslava (w)	Feier (die)

45 Text zur Lektion

Georg:	Je dnes pondělí?	Ist heute Montag?
Emma:	Ne, dnes je úterý.	Nein, heute ist Dienstag.
Georg:	Tak jsme tady už jeden týden.	Dann sind wir hier schon eine Woche.
Emma:	Škoda, že v neděli jedeme zpátky.	Schade, dass wir am Sonntag zurückfahren.
Georg:	Ano, to je moc velká škoda!	Ja, das ist sehr schade!
Emma:	A potom jdeme brzo pracovat.	Ja, und danach gehen wir bald arbeiten.
Georg:	Ale zítra jdeme nejdřív nakupovat.	Aber morgen gehen wir zunächst einkaufen.

	Dcera má totiž pozítří narozeniny.	Die Tochter hat nämlich übermorgen Geburtstag.
Emma:	Ale ne jenom dárek.	Aber nicht nur ein Geschenk.
	Potřebujeme také potraviny.	Wir brauchen auch Lebensmittel.
Georg:	Ano, správně.	Ja, richtig.
Emma:	A ve čtvrtek odpoledne oslavíme narozeniny.	Und am Donnerstagnachmittag feiern wir den Geburtstag.
Georg:	V pátek a v sobotu jdeme kempovat.	Am Freitag und Samstag gehen wir campen.
Emma:	Perfektní, a teď jdeme!	Perfekt, und jetzt gehen wir!
Georg:	Kam?	Wohin?
Emma:	Do restaurace «U pobřeží».	Ins Restaurant «Am Ufer».
Georg:	Tam je dnes večer velká oslava.	Dort ist heute Abend eine große Feier.

Lektion 15

Frühstück mit Besuch

Emma: Die tschechische Sprache hat 7 Fälle. Heute kann ich dir einen davon beibringen.

Georg: Wie bitte, die tschechische Sprache hat tatsächlich 7 Fälle?

Emma: Ja, diese sind: Nominativ, Genitiv, Dativ, Akkusativ, Vokativ, Lokativ und Instrumental.

Georg: Wir haben im Deutschen nur 4 Fälle (Nominativ, Genitiv, Dativ und Akkusativ).

Emma: Wir fangen mit einem recht einfachen Fall an, dem Akkusativ. Akkusativ antwortet auf die Fragen «wen oder was». Man fragt zum Beispiel: Wen rufst du an? Was kaufst du ein? Was siehst du? Außerdem wird er immer dann angewandt, wenn das Hauptwort hinter folgenden Vorwörtern steht:

pro	–	für	Ein Geschenk für dich.
za	–	für	Eine Portion für 20 Kč.
před	–	vor (wohin?)	vor die Tür stellen
mimo	–	außer	außer Betrieb
na	–	auf, an (wohin?)	auf die Couch; an die Wand
pod(e)	–	unter (wohin?)	unter die Couch
nad(e)	–	über (wohin?)	über die Tür
mezi	–	zwischen	zwischen den Fenstern positionieren
kromě	–	außer (ausgenommen)	Außer mir gehen alle.
skrz(e)	–	durch	durch die Wand gehen
o	–	um	um 1 Grad erhöhen
po	–	bis	bis zum Knie
v	–	an	an Gott glauben

Georg: Jetzt bin ich recht neugierig, wie die Akkusativ-Formen der Hauptwörter aussehen.

Emma: Der Akkusativ entspricht exakt der Nominativ-Form bei allen **unbelebten männlichen** Hauptwörtern und bei allen **sächlichen** Hauptwörtern, sowohl in der **Einzahl** als auch in der **Mehrzahl**.

Männlich, unbelebt, Nominativ, Einzahl

To je deštník.
Das ist ein Regenschirm.

=

Männlich, unbelebt, Akkusativ, Einzahl

Koupím deštník.
Ich kaufe einen Regenschirm.

Männlich, unbelebt, Nominativ, Mehrzahl

To jsou mosty.
Das sind Brücken.

=

Männlich, unbelebt, Akkusativ, Mehrzahl

Vidím mosty.
Ich sehe Brücken.

Sächlich, Nominativ, Einzahl

To je okno.
Das ist ein Fenster.

=

Sächlich, Akkusativ, Einzahl

Otevírám okno.
Ich öffne das Fenster.

Sächlich, Nominativ, Mehrzahl

To jsou auta.
Das sind Autos.

=

Sächlich, Akkusativ, Mehrzahl

Koupím auta.
Ich kaufe Autos.

Der Akkusativ entspricht bei allen **weiblichen** Hauptwörtern nur in der **Mehrzahl** exakt der Nominativ-Form.

Weiblich, Nominativ, Mehrzahl

To jsou růže.
Das sind Rosen.

=

Weiblich, Akkusativ, Mehrzahl

Objednám růže.
Ich bestelle Rosen.

Alle anderen Akkusativ-Endungen, also die der weiblichen Hauptwörter in der **Einzahl** und der **belebten** männlichen Hauptwörter, muss man sich einprägen. Sie enden entweder auf «**a**», auf «**i**» oder bleiben **unverändert**.

Wenn das **weibliche** Hauptwort im Nominativ auf «**a**» endet, dann endet es im Akkusativ auf «**u**».

To je žena.
↓ ↓ ↓
Das ist eine Frau.

Vidím ženu.
↓ ↓
Ich sehe eine Frau.

Wenn das **weibliche** Hauptwort im Nominativ auf «**e**» endet, dann endet es im Akkusativ auf «**i**».

To je růže.
↓ ↓ ↓
Das ist eine Rose.

Koupím růži.
↓ ↓
Ich kaufe eine Rose.

Alle anderen **weiblichen** Hauptwörter bleiben unverändert.

To je moje píseň.
↓ ↓ ↓ ↓
Das ist mein Lied.

Zpívám píseň.
↓ ↓
Ich singe ein Lied.

Wenn das **belebte männliche** Hauptwort auf «**a**» endet, dann endet es im Akkusativ **Einzahl** auf «**u**» und in der **Mehrzahl** auf «**y**».

To je artista.
↓ ↓ ↓
Das ist ein Artist.

Vidím artistu.
↓ ↓
Ich sehe einen Artisten.

Vidím artisty.
↓ ↓
Ich sehe Artisten.

Wenn das **belebte männliche** Hauptwort auf «**e**» endet, dann endet es im Akkusativ **Einzahl** und **Mehrzahl** auch auf «**e**». Es bleibt also unverändert.

To je soudce.
↓ ↓ ↓
Das ist ein Richter.

Navštívím soudce.
↓ ↓
Ich besuche einen Richter.

Navštívím soudce.
↓ ↓
Ich besuche die Richter.

Wenn das **belebte männliche** Hauptwort auf einen **harten** oder **neutralen** Konsonanten endet, dann endet es im Akkusativ in der **Einzahl** auf «**a**» und in der **Mehrzahl** auf «**y**».

To je syn.
↓ ↓ ↓
Das ist der Sohn.

Navštívím syna.
↓ ↓
Ich besuche den Sohn.

Navštívím syny.
↓ ↓
Ich besuche die Söhne.

Wenn das **belebte männliche** Hauptwort auf einen **weichen** Konsonanten oder auf «**-l/-z**» endet, dann endet es im **Akkusativ** in der **Einzahl** und in der Mehrzahl auf «**e**».

To je muž.
↓ ↓ ↓
Das ist ein Mann.

Vidím muže.
↓ ↓
Ich sehe einen Mann.

Vidím muže.
↓ ↓
Ich sehe Männer.

46

Tschechisch	Deutsch
auto (s)	Auto (das)
artista (m)	Artist (der)
syn (m)	Sohn (der)
dost	ziemlich
špatně	schlecht
snídat	frühstücken
třeba	vielleicht (~zum Beispiel)
kakao (s)	Kakao (der)
houska (w)	Semmel (die)
sýr (m)	Käse (der)
spíše ne	eher nicht

říkat	sagen
nejdříve	zunächst
káva (w)	Kaffee (der)
snídaně (w)	Frühstück (das)
balkón (m)	Balkon (der)
jistě	gewiss, sicherlich
návštěva (w)	Besuch (der)
zpívat	singen
vydařený/vydařená/vydařené	gelungen
pobyt (m)	Aufenthalt (der)
hřiště (s)	Spielplatz (der)
trochu	ein Wenig / etwas
pohyb (m)	Bewegung (die)
teda	also
překvapení (s)	Überraschung (die)

47 Text zur Lektion

Georg:	Dobré ráno. Jak se máš?	Guten Morgen. Wie geht es dir?
Emma:	Dost špatně.	Ziemlich schlecht.
	Co budeme snídat?	Was werden wir frühstücken?
Georg:	Třeba kakao, housku a sýr?	Vielleicht Kakao, eine Semmel und Käse?
Emma:	Spíše ne.	Eher nicht.
Georg:	Co říkáš na kávu?	Was sagst du zu Kaffee?
Emma:	Ano, nejdříve jen kávu.	Ja, zunächst nur einen Kaffee.
Georg:	Prosím, tady je. Také trochu cukru?	Bitte, hier ist er. Auch etwas Zucker?
Emma:	Ano, děkuji.	Ja, danke.
	Přineseš snídani na balkón?	Bringst du das Frühstück auf den Balkon?
Georg:	Jistě, rád.	Gewiss, gern.
Emma:	Podívej, máme návštěvu.	Schau, wir haben Besuch.
Georg:	To je opravdu překvapení, kavka!	Das ist wirklich eine Überraschung, eine Dohle!
Emma:	A teď také zpívá píseň.	Und jetzt singt sie auch ein Lied.
Georg:	To je teda vydařený pobyt.	Das ist ein gelungener Aufenthalt.

Lektion 16

Georg geht einkaufen

Georg: Beim Frühstück ist mir aufgefallen, dass das Wort «cukr» in «trochu cukru» gar nicht im Akkusativ steht.

Emma: Dann passt es, wenn ich dir vor dem Einkaufen noch einen weiteren Fall beibringe, nämlich den Genitiv. Er steht im Tschechischen in Verbindung mit Mengenangaben wie zum Beispiel «viel», «wenig», «Kilogramm», «Liter» usw., nach Zahlen ab fünf, beantwortet die Frage «Wohin gehst du?» und wird auch in Verbindung mit bestimmten Vorwörtern verwendet:

48

bez	ohne	okolo	um (etwas)
během	während	podle	u. a. nach
blízko	in der Nähe von	podél	entlang
do	bis, nach	u	bei
kolem	gegen (zeitlich)	uprostřed	inmitten
kromě	außer (ausgenommen)	vedle	neben
místo	anstelle von	z, ze	aus
od	von (von dir), ab	za	zu der Zeit von

49

Tschechisch	Deutsch
cukr (m)	Zucker (der)
banán (m)	Banane (die)
žlutý/žlutá/žluté	gelb
student (m)	Student (der)
stroj (m)	Maschine (die)
strom (m)	Baum (der)
zelenina (w)	Gemüse (das)
ryba (w)	Fisch (der)
mléko (s)	Milch (die)
kuře (s)	Huhn (das)
město (s)	Stadt (die)
na(koupit)	(ein)kaufen
chléb (m)	Brot (das)

sýr (m)	Käse (der)
salám (m)	Wurst (die)
něco	etwas
litr (m)	Liter (der)
jeden	ein
kilogram (m)	Kilogramm (das)
kilo (s)	Kilo (das)
dekagram (m)	Dekagramm (das)
obchod (m)	Laden (der)
směrem	in Richtung
kino (s)	Kino (das)
ovoce (s)	Obst (das)
stroj (m)	Maschine (die)
inzerát (m)	Inserat (das)

Da «trochu» auch eine Mengenangabe ist, steht «cukr» im Genitiv:

Nominativ

To je cukr.
↓ ↓ ↓
Das ist Zucker.

Genitiv

Trochu cukru, prosím.
↓ ↓ ↓
Etwas Zucker, bitte.

Emma: Die Endung variiert von Geschlecht zu Geschlecht. Aber alles der Reihe nach ...

Männliche Hauptwörter

Männlich, Mehrzahl => Alle männlichen Hauptwörter haben im Genitiv **Mehrzahl** ein «**ů**» (mit Ausnahmen).

To jsou žluté banány.
↓ ↓ ↓ ↓
Das sind gelbe Bananen.

Koupím pět banánů.
↓ ↓ ↓
Ich kaufe fünf Bananen.

Männlich, Einzahl, belebt, Konsonanten-Endung => Die Genitiv-Endung entspricht der **Akkusativ**-Endung. Also entweder «**a**» oder «**e**».

Akkusativ:

Vidím studenta/muže.
Ich sehe einen Studenten/Mann.

Genitiv

Jedeme místo studenta/muže.
Wir fahren anstelle des Studenten/Mannes.

Männlich, Einzahl, belebt, e-Endung => Die Genitiv-Endung ist **unverändert**.

Nominativ

To je soudce.
Das ist ein Richter.

Genitiv

Nezačít bez soudce.
Nicht ohne den Richter anfangen.

Männlich, Einzahl, belebt, a-Endung => **y**-Endung im Genitiv (= **Akkusativ Mehrzahl**)

To je artista.
Das ist ein Artist.

Pes je u artisty.
Der Hund ist beim Artisten.

Männlich, Einzahl, unbelebt, weicher-Konsonant-/l/z-Endung => **e**-Endung im Genitiv (= **Nominativ Mehrzahl**)

To je stroj.
Das ist eine Maschine.

Beze stroje nepracujeme
Ohne die Maschine arbeiten wir nicht.

Männlich, Einzahl, unbelebt, harter-Konsonant / neutraler-Konsonant-Endung => «u» oder «a». Meistens «u»:

To je strom.
Das ist ein Baum.

Ovoce je přímo ze stromu.
Das Obst ist direkt vom Baum.

Manchmal wird die a-Endung verwendet:
Bei den meisten Monatsnamen:

leden, do ledna	Januar, bis Januar
únor, do února	Februar, bis Februar
březen, do března	März, bis März
duben, do dubna	April, bis April
květen, do května	Mai, bis Mai
červen, do června	Juni, bis Juni
ABER: červenec, do července	Juli, bis Juli
srpen, do srpna	August, bis August
ABER: září, do září	September, bis September
říjen, do října	Oktober, bis Oktober
ABER: listopad, do listopadu	November, bis November
ABER: prosinec, do prosince	Dezember, bis Dezember

Bei informellen Varianten folgender Wochentage:

pondělek, do pondělka	Montag, bis Montag
úterek, do úterka	Dienstag, bis Dienstag

Bei Städten auf -ov und -ín:

Mnichov, do Mnichova	München, nach München
Berlín, do Berlína	Berlin, nach Berlin

Die folgenden Wortbeispiele gehören schon seit mehreren Jahrhunderten zu den am häufigsten verwendeten, und aus diesem Grund wird angenommen, dass sie die an sich veraltete Endung -a beibehalten konnten, während mittlerweile zumeist die Endung -u verwendet wird:

les, z lesa	Wald, aus dem Wald
večer, do večera	Abend, bis zum Abend
zákon, podle zákona	Gesetz, nach dem Gesetz
chléb, váha chleba	Brot, Gewicht des Brots
jazyk, aspekty jazyka	Sprache, Aspekte der Sprache
oběd, u oběda	Mittagessen, beim Mittagessen
rybník, skočit do rybníka	kleiner See, in den kleinen See springen
život, smysl života	Leben, Sinn des Lebens

Bei manchen Wörtern mit der Bedeutung «Ort»:

ostrov, z ostrova	Insel, von der Insel
svět, mapa světa	Weltkarte (Karte der Welt)

Es gibt auch Wörter, für die sowohl die Endung «**u**» als auch «**a**» richtig ist, z. B.

sýr (Käse)	kousek/kus sýr**a**	ein Stück Käse
	deset dekagramů sýr**u**	10 Dekagramm (= 100 Gramm) Käse

Weibliche Hauptwörter

Alle **weiblichen** Hauptwörter haben im Genitiv **Einzahl** die gleiche Endung wie der **Nominativ Mehrzahl**.

Nominativ, Einzahl	Nominativ, Mehrzahl	Genitiv, Einzahl
To je žen**a**. ↓ ↓ ↓ Das ist eine Frau.	Tam jsou žen**y**. ↓ ↓ ↓ Dort sind Frauen.	Zelenina je od žen**y**. ↓ ↓ ↓ ↓ Das Gemüse ist von der Frau.

Alle **weiblichen** Hauptwörter, die im **Nominativ Einzahl** auf «**a**» enden, haben im Genitiv **Plural** keine Endung. Alle anderen haben die Endung «**í**».

Nominativ, Einzahl	Genitiv, Mehrzahl
To je ryb**a**. ↓ ↓ ↓ Das ist ein Fisch.	To je hodně ry**b**. ↓ ↓ ↓ ↓ Das sind viele Fische.

Sächliche Hauptwörter

Alle **sächlichen** Hauptwörter haben im Genitiv **Einzahl** die gleiche Endung wie im **Nominativ Mehrzahl**. Nur Mehrzahl-Wörter auf «**ata**» verändern die Genitiv-Endung auf «**ete**».

Nominativ, Einzahl	Nominativ, Mehrzahl	Genitiv, Einzahl
Tam je mlék**o**. ↓ ↓ ↓ Dort ist die Milch.	Tady jsou mlék**a**. ↓ ↓ ↓ Hier ist die Milch.	Koupím láhev mlék**a**. ↓ ↓ ↓ Ich kaufe eine Flasche Milch.
To je kuř**e**. ↓ ↓ ↓ Das ist ein Huhn.	Tam jsou kuř**ata**. ↓ ↓ ↓ Dort sind Hühner.	Kolem kuř**ete** je zrní. ↓ ↓ ↓ Um das Huhn herum sind Körner.

Alle **sächlichen** Hauptwörter auf «**a**» im **Nominativ Plural** haben im Genitiv **Plural** gar **keine** Endung.

To jsou města.
↓ ↓ ↓
Das sind Städte.

hluk z měst
↓ ↓ ↓
Lärm aus den Städten

Alle **sächlichen** Hauptwörter auf «**ata**» im **Nominativ Plural** haben im Genitiv **Plural** die Endung «**at**».

To jsou koťata.
↓ ↓ ↓
Das sind Kätzchen.

inzerát koťat
↓
Kätzchen-Inserat

50 Text zur Lektion

Georg:	Jdu teď nakoupit. Vidíš, kde je moje peněženka?	Ich gehe jetzt einkaufen. Siehst du, wo meine Geldbörse ist?

Emma:	Tady je tvoje peněženka.	Hier ist deine Geldbörse.
Georg:	Co vše potřebujeme?	Was brauchen wir alles?
Emma:	Potřebujeme chléb, kousek sýru a salámu. Také potřebujeme trochu zeleniny a jeden kilogram masa.	Wir brauchen ein Brot, ein wenig Käse und Wurst. Wir brauchen auch ein wenig Gemüse, Obst und ein Kilogramm Fleisch.
Georg:	Máme ještě cukr?	Haben wir noch Zucker?
Emma:	Ne, nemáme.	Nein, haben wir nicht.
Georg:	Potřebujeme ještě něco?	Brauchen wir noch etwas?
Emma:	Ano, jeden litr mléka a jeden kilogram kávy.	Ja, einen Liter Milch und ein Kilogramm Kaffee.
Georg:	Kde je vůbec obchod?	Wo ist hier überhaupt ein Laden?
Emma:	Jeden obchod je směrem do města.	Ein Laden ist in Richtung Stadt.
Georg:	Dobře, tak jdu do obchodu.	Gut, dann gehe ich in den Laden.
Emma:	A později jdeme do kina.	Und später gehen wir ins Kino.

Lektion 17

Emma ist einfach verschwunden

Georg: Als ich gerade einkaufen war, habe ich eine Zeitschrift gesehen, auf deren Vorderseite «já se ráda mazlím» stand. Was bedeutet das?

Emma: Das bedeutet «ich schmuse gerne». «Schmusen» – «mazlit se». Das ist ein reflexives Tunwort.

Georg: Gibt es in der tschechischen Sprache sehr viele reflexive Tunwörter mit «sich»?

Emma: Ja, einige. Alle Tunwörter mit «se» oder «si» sind reflexiv. Die Form «se/si» ändert sich weder in der ich-, du- noch der wir-Form. Es ist also anders als im Deutschen. Beispiele:

51

mazlit se – schmusen
koupat se – baden
sprchovat se – duschen
umývat se – sich waschen
jmenovat se – heißen
oblékat se – sich anziehen
dívat se – schauen
podívat se – anschauen
vyspat se – ausschlafen
otočit se – sich drehen
sednout si – sich setzen
zvyknout si – sich gewöhnen
stěžovat si – sich beschweren
slunit se – sich sonnen
obrátit se – sich wenden
omluvit se – sich entschuldigen
připravit se – sich vorbereiten
mít se – gehen (in der Wendung «wie es einem geht»)
usmívat se – lächeln
hádat se – streiten
potápět se – tauchen
hrát si – spielen (z. B. auf dem Spielplatz)

52 Einige Beispielsätze in der **ich-Form**:

Já **se** jmenuji Emma.	Ich heiße Emma.
Já **se** dívám na televizi.	Ich sehe fern.
Já **se** sprchuji každé ráno.	Ich dusche jeden Morgen.
Já **se** umývám.	Ich wasche mich.

In der neutralen Äußerung werden aber die Fürwörter ich, du usw. im Tschechischen nicht verwendet. Beobachte, wo dann das «se/si» steht:

Einige Beispielsätze in der **du-Form**:

Koupáš **se** večer.	Du badest abends.
Otočíš **se** hned.	Du drehst dich sofort um.
Rád **se** vyspíš.	Gern schläfst du aus.
Jak **se** máš?	Wie geht es dir?
Brzo **si** zvykneš.	Bald gewöhnst du dich daran.

Einige Beispielsätze in der **wir-Form**:

Slunímе **se**.	Wir sonnen uns.
Obrátíme **se** na prodavače.	Wir wenden uns an den Verkäufer.

Georg: «se» und «si» steht immer an der zweiten Stelle, fällt mir auf.

Emma: Gut beobachtet. Bei «se/si» handelt es sich um ein sogenanntes Enklitikum. Als solches steht es im Satz immer an der zweiten Position. Eine ganz wichtige Regel, für die es im Tschechischen keine Ausnahmen gibt.

Georg: Wie sage ich dann «Ich schlafe gerne aus» mit Betonung auf «Ich»? Etwa «Já se rád vyspím»?

Emma: Genau so ist es! Richtig wäre auch «Já se vyspím rád». Je nach dem ob du «ausschlafen» (erstes Bespiel) oder «gerne» (zweites Beispiel) betonen willst.

53

Tschechisch	Deutsch
pak	denn
zrovna	gerade
hádat	raten
připravovat	vorbereiten
bohužel	leider
podívat	anschauen
orloj (m)	astronomische Uhr (die)
prodavač (m)	Verkäufer (m)
brzo	bald
Dobře!	Gut!
špatně	schlecht
Tak zatím!	Bis bald!
ahoj!	Hallo/Tschüss!
rád (als Mann)	gern
ráda (als Frau)	gern

54 Text zur Lektion

O hodinu později: telefon zvoní! — Eine Stunde später: Das Telefon läutet!

Georg:	Kde pak jseš?	Wo bist du denn?
	Co zrovna děláš?	Was machst du gerade?
Emma:	Hádej!	Rate mal!
Georg:	Sluníš se!	Du sonnst dich!
Emma:	Ne.	Nein.
Georg:	Připravuješ se na zítra.	Du bereitest dich auf morgen vor!

Emma:	Bohužel ne.	Leider nein.
	Jedu do města.	Ich fahre in die Stadt.
	Chci se podívat na orloj.	Ich will mir die astronomische Uhr anschauen.
	A co deláš ty?	Und was machst du?
Georg:	Ja se oblékám.	Ich ziehe mich an.
Emma:	Dobře, tak zatím!	Gut, bis bald!
Georg:	Ahoj!	Tschüss!

Lektion 18

Im Freibad

Georg: Emma, du kannst wirklich super tauchen.
Emma: Ja, das macht riesigen Spaß. Was machen die Kinder?
Georg: Das würde ich dir gerne auf Tschechisch sagen, aber vorher kannst du mir vielleicht beibringen, wie die Endung der Tunwörter für die «er/sie»-Form lautet.
Emma: Wie die «er/sie»-Form lautet, hängt von der Endung der Grundform des Tunworts ab.

55

Tschechisch	Deutsch
karty (w Mehrzahl)	Kartenspiel (das), Karten (die)
stojka (w)	Kopfstand, Handstand (der)
mamka (w)	Mama (die)
trucovat	schmollen
poskakovat	(herum-)hüpfen
pomalu	langsam
brečet	weinen, heulen
plavat	schwimmen
rýt	ritzen
sem a tam	hin und her
hračka (w)	Spielzeug (das)
ruka (w)	Hand (die)
spát	schlafen

Endet das Verb in der Grundform auf «**át**», dann wird diese Endung in der «er/sie»-Form durch die Endung «**aje**» ersetzt:

hr**át** si = spielen

Emily si hr**aje**.
↓ ↓
Emily spielt.

hr**át** = spielen

Beni hr**aje** karty.
↓ ↓ ↓
Beni spielt Karten.

Endet das Verb in der Grundform auf «**at**», dann wird diese Endung in der «er/sie»-Form durch die Endung «**á**» ersetzt:

děl**at** = machen

Beni dělá stojku.
Beni macht einen Kopfstand.

hled**at** = suchen

Emily hledá mamku.
Emily sucht die Mama.

Achtung: Diese Regel gilt aber nicht für Verben mit den folgenden Buchstaben vor «**at**»: b, h, ch, k, m, p, r, s, v, z

Endet das Verb in der Grundform auf «**ovat**», dann wird diese Endung in der «er/sie»-Form durch die Endung «**uje**» ersetzt:

truc**ovat** = schmollen

Emily zase trucuje.
Emily schmollt wieder.

poskak**ovat** = hüpfen

Beni poskakuje sem a tam.
Beni hüpft hin und her.

Endet das Verb in der Grundform auf «**ýt**», dann wird diese Endung in der «er/sie»-Form durch die Endung «**yje**» ersetzt:

r**ýt** = ritzen

Beni ryje do dřeva.
Beni ritzt (etwas) ins Holz.

m**ýt** se = sich waschen

Emily si myje ruce.
Emily wäscht sich die Hände.

Endet das Verb in der Grundform auf «**it**», oder «**et/ět**», dann wird diese Endung in der «**er/sie**»-Form durch die Endung «**í**» ersetzt:

potápět = tauchen

Emily se potápí.
Emily taucht.

brečet = weinen

Benni už nebrečí.
Benni weint nicht mehr.

Alle anderen Verben enden nach der Ersetzung der Grundform-Endung wie «**out**,» «**t**», «**ít**», «**át**», «**ét**» und «**at**» in der «er/sie»-Form auf «**e**».

plavat = schwimmen

Benni plave pomalu.
↓
Benni schwimmt langsam.

nést = tragen

Emily nese hračku.
↓
Emily trägt ein Spielzeug.

Ausnahmen (eine Auswahl)

jíst = essen

Emily jí rychle.
↓
Emily isst schnell.

spát = schlafen

Beni spí jako dudek.
↓
Beni schläft wie ein Murmeltier.

stát = stehen

Emily stojí rovně.
↓
Emily steht gerade.

vědět = wissen

Beni ví hodně.
↓
Beni weiß viel.

začít = beginnen

Beni začne brzo brečet.
↓
Beni beginnt gleich zu weinen.

56

Tschechisch	Deutsch
bazén (m)	Schwimmbecken (der)
kamarádka (w)	Freundin (die)
kamarád (m)	Freund (der)
mluvit	sprechen
česky	Tschechisch
německy	Deutsch
fantastický/fantastická/fantastické	fantastisch
otestovat	austesten
umět	können
hodně	viel
rychle	schnell
stát	stehen
jíst	essen

potápět	tauchen
hledat	suchen
koupaliště (w)	Freibad (das)
nést	tragen

57 Text zur Lektion

Emma:	Co dělá Emily?	Was macht Emily?
Georg:	Hraje si.	Sie spielt.
Emma:	Kde si hraje?	Wo spielt sie?
Georg:	Je tam vlevo, poskakuje u bazénu.	Sie ist dort links, sie hüpft beim Schwimmbecken herum.
Emma:	A co dělá Beni?	Und was macht Beni?
Georg:	Plave a potápí se.	Er schwimmt und taucht.
Emma:	O, podívej se tam. To je moje kamarádka Eli.	Oh, schau dorthin. Das ist meine Freundin Eli.
Georg:	Mluví česky?	Spricht sie Tschechisch?
Emma:	Ano, mluví.	Ja, sie spricht Tschechisch.
Georg:	A mluví německy?	Und spricht sie Deutsch?
Emma:	Ne.	Nein.
Georg:	To je fantastické. Tak otestuji, co už umím.	Das ist fantastisch. Dann teste ich aus, was ich schon kann.

Lektion 19

Ein Blick in die Zukunft

Emma: Bis jetzt haben wir nur die Gegenwartsform gelernt. Sie wurde mit Tunwörtern gebildet, die einen unvollendeten Aspekt haben. D.h. die Handlung wurde im Betrachtungszeitraum nicht zum Abschluss gebracht (z.B. «dělám», «děláš», «dělá»). Die Gegenwart wird nur mit dem unvollendeten Aspekt gebildet.

Georg: Wie bildet man dann auf Tschechisch die Zukunftsform?

Emma: Eine Zukunftsform kann auf zwei Arten gebildet werden:

Unvollendeter Aspekt:

Um den unvollendeten Aspekt auszudrücken, werden «**být**»-Formen (dt. «werden») + Grundform eines Tunworts mit **unvollendetem** Aspekt, z.B. «dělat» (dt. «machen»), kombiniert:
budu dělat – ich werde machen
budeš dělat – du wirst machen
bude dělat – er wird machen

Ausnahme bei «**wird sein**»: Die Grundform «být» (dt. «sein») wird ausgelassen.
ich werde sein – budu
du wirst sein – budeš
er wird sein – bude

Weiterhin wird bei manchen Verben, die eine **Bewegung** ausdrücken, die Zukunftsform mit dem Präfix «**po-**» oder «**pů-**» gebildet ohne dadurch den unvollendeten Aspekt zu verlieren.
teče – fließt
poteče – wird fließen
jde – geht
půjde – wird gehen

Vollendeter Aspekt:

Um den vollendeten Aspekt auszudrücken, also eine Handlung, die im Betrachtungszeitraum zum Abschluss gebracht wird, wird das ursprüngliche

Tunwort mit unvollendetem Aspekt mithilfe einer passenden Vorsilbe in ein Tunwort mit vollendetem Aspekt umgewandelt. Im folgenden Beispiel mit «**u**»:
udělat – machen
udělám to – ich mache es
uděláš to – du machst es
udělá to – er macht es

Häufig verändert sich durch das Präfix auch die **Bedeutung** des Verbs.
dodělat – fertig machen
dodělám to – ich mache es fertig
doděláš to – du machst es fertig
dodělá to – er macht es fertig

zadělat – anrühren
zadělám těsto – ich rühre den Teig an
zaděláš těsto – du rührst den Teig an
zadělá těsto – er rührt den Teig an

přidělat – mehr machen
přidělám – ich mache mehr
přiděláš – du machst mehr
přidělá – er macht mehr

vydělat – verdienen
vydělám peníze – ich verdiene Geld
vyděláš peníze – du verdienst Geld
vydělá peníze – er verdient Geld

Im Tschechischen gibt es insgesamt 20 verschiedene Vorsilben, die die Bedeutung des Verbs oder den Aspekt verändern können. Häufig kommen sie zusammen mit ähnlich lautenden Vorwörtern im gleichen Satz vor:

přejít **přes** most – eine Brücke überqueren
dojet **do** cíle – ins Ziel fahren

Georg: Das ist alles so interessant. Das heißt, jedes deutsche Tunwort hat im Tschechischen mindestens zwei verschiedene Ausprägungen für die Zukunft, je nachdem welchen Aspekt ich verwende?

Emma: Richtig. Und für einen Aspekt muss man sich zwingend entscheiden. Einen Hinweis habe ich aber noch für dich. In Verbindung mit auf die Zukunft hinweisenden Wörtern wie «morgen» kann das Tunwort in der Gegenwartsform stehen bleiben, um die Zukunftsform auszudrücken.

Gegenwart unvollendeter Aspekt	Zukunft vollendeter Aspekt	Zukunft unvollendeter Aspekt
Jdeme do kina. ↓ ↓ ↓ Wir gehen ins Kino.	Půjdeme do kina. ↓ ↓ ↓ Wir gehen ins Kino.	Zítra jdeme do kina. ↓ ↓ ↓ ↓ Morgen gehen wir ins Kino.

Georg: Und wenn ich ein Tunwort wie vydělat (vollendeter Aspekt) für die Gegenwart verwenden möchte, wie sorge ich dafür, dass es für die Gegenwartsform einen unvollendeten Aspekt hat?

Emma: Gut, dass du das ansprichst. Ein Tunwort, das aufgrund einer Vorsilbe einen vollendeten Aspekt hat, kann für die Gegenwart in den unvollendeten Aspekt umgewandelt werden, indem ein bestimmter Infix zwischen den Verbstamm und die Endung gebettet wird. Manchmal verändert sich dabei auch der Verbstamm. Beispiele:

Zukunft, vollendeter Aspekt	Gegenwart, unvollendeter Aspekt	
vydělat	vyděl**ávat**	(Geld) verdienen
podepsat	podep**isovat**	unterschreiben
hodit	há**zet**	werfen
umýt	umý**vat**	waschen
umřít	um**írat**	sterben
navštívit	navštěvo**vat**	besuchen

58

Tschechisch	Deutsch
pohled (m)	Ansichtskarte (die)
odpočinout si (vollendeter Aspekt)	sich ausruhen
podepsat (vollendeter Aspekt)	unterschreiben
odpočívat (unvollendeter Aspekt)	sich ausruhen
vhodit (vollendeter Aspekt)	einwerfen
poštovní schránka (w)	Briefkasten (der)
muset	müssen

59 Text zur Lektion

Georg:	Co bude Emily zítra dělat?	Was wird Emily morgen machen?
Emma:	Zítra bude plavat a potápět se.	Sie wird morgen schwimmen und tauchen.
	Co budeš dělat zítra ty?	Was wirst du morgen machen?
Georg:	Nejdřív budu plavat a potom budu odpočívat.	Ich werde zuerst schwimmen und danach werde ich mich ausruhen.
	Ty si zítra také jistě odpočineš!	Du ruhst dich morgen sicherlich auch aus!
Emma:	Ano, nejdřív si trochu odpočinu, a potom budu psát pohledy.	Ja, ich werde mich zuerst ein wenig ausruhen und dann werde ich Ansichtskarten schreiben.
Georg:	Pohledy také podepíšu.	Die Ansichtskarten unterschreibe ich auch.
Emma:	A potom budeš muset vhodit pohledy do poštovní schránky.	Und danach wirst du die Ansichtskarten in den Briefkasten werfen müssen.

Lektion 20

Der Kühlschrank ist leer

Georg: Was lernen wir als nächstes?

Emma: Als nächstes lernen wir den Instrumental-Fall. Instrumental antwortet auf die Fragen «womit, mit was, wodurch» und wird in Kombination mit folgenden Vorwörtern verwendet:

s:	s cukrem – mit: mit Zucker
se:	se zipem – mit: einem Reißverschluss
za:	stojím za rohem – hinter: ich stehe hinter der Ecke
před:	před bazénem – vor: vor dem Schwimmbecken
pod:	pod postelí – vor: vor dem Bett
nad:	nad oknem – über: über dem Fenster
mezi:	mezi ledničkou a pračkou – zwischen dem Kühlschrank und der Waschmaschine

Merke:

Eine Besonderheit des Tschechischen: Wenn das Hauptwort hinter «mit» als Instrument verwendet wird, dann wird das «s/se» (dt. «mit») nicht verwendet.

Podepíšu propiskou. – Ich unterschreibe mit einem Kugelschreiber.

(Po-)Dívám se na hvězdy teleskopem. – Ich schaue die Sterne mit einem Teleskop an.

Budu se dívat na hvězdy teleskopem. – Ich schaue die Sterne mit einem Teleskop an.

60

Tschechisch	Deutsch
cukr (m)	Zucker (der)
zip (m)	Reißverschluss (der)
za	hinter
před	vor
roh (m)	Ecke (die)
pod	unter
postel (w)	Bett (das)
nad	über
lednička (w)	Kühlschrank (der)
pračka (w)	Waschmaschine (die)
propiska (w)	Kugelschreiber (der)

podívát se (vollendeter Aspekt)	anschauen
dívát se (unvollendeter Aspekt)	anschauen/betrachten
koření (s)	Gewürz (das)
děda (m)	Opa (der)
hvězda (w)	Stern (der)
ruce (w Mehrzahl)	Hände
byt (m)	Wohnung (die)
překvapit	überraschen
holka (w)	Mädchen (das)
konev (w)	Gießkanne (die)
trávník (m)	Rasen (der)
máslo (s)	Butter (die)
obchod (m)	Laden (der)
omáčka (w)	Soße (die)
strýc (m)	Onkel (der)
teta (w)	Tante (die)
ručník (m)	Handtuch (das)
dům (m)	Haus (das)
osušit (vollendeter Aspekt)	abtrocknen
formulář (m)	Formular (das)
bydliště (s)	Wohnort (der)
mládě (s)	Jungtier (das)
údolí (s)	Tal (das)
med (m)	Honig (der)
táta (m)	Papa (der)

Wenn das Hauptwort **männlich** ist und in der **Einzahl** steht, dann endet es im Instrumental auf «**em**». Ausnahme: Wörter, die in der Grundform auf «**a**» enden, enden im Instrumental auf «**ou**».

Nominativ	Instrumental
To je ručník. ↓ ↓ ↓ Das ist ein Handtuch.	Osuším ruce ručníkem. ↓ ↓ ↓ Ich trockne die Hände mit dem Handtuch ab.
To je děda. ↓ ↓ ↓ Das ist Opa.	Půjdeme tam s dědou. ↓ ↓ ↓ Wir gehen mit dem Opa hin.

Wenn das Hauptwort **männlich** ist und in der **Mehrzahl** steht, dann endet es im Instrumental nach **harten** Konsonanten auf «**y**» und nach **weichen** oder **neutralen** Konsonanten auf «**i**».

Nominativ	Instrumental
To je by**t**. Das ist eine Wohnung.	To je dům s byt**y**. Das ist ein Haus mit Wohnungen.
To je mu**ž**. Das ist ein Mann.	Pojedu s muž**i**. Ich fahre mit Männern.

Wenn das Hauptwort **weiblich** ist und in der **Einzahl** steht, dann endet es im Instrumental auf «**í**».
Ausnahme: Wörter, die in der Grundform auf «**a**» enden, enden im Instrumental auf «**ou**».

Nominativ	Instrumental
To je růž**e**. Das ist eine Rose.	Překvapím strýce růž**í**. Ich überrasche den Onkel mit einer Rose.
Tam je holk**a**. Dort ist das Mädchen.	Navštívím tetu s holk**ou**. Ich besuche die Tante mit einem Mädchen.

Wenn das Hauptwort **weiblich** ist und in der **Mehrzahl** steht, dann wird im Instrumental an die Grundform die Endung «**mi**» gehängt.
Ausnahme: Wörter, die in der Grundform auf «**e**» + **Konsonant** enden, enden im Instrumental auf «**emi**/**ěmi**». Das ursprüngliche «**e**» fällt weg.

Nominativ

To je kamarádka.
Das ist eine Freundin.

To je konev.
Dort ist ein Gießkanne.

Instrumental

Učím se s kamarádkami.
Ich lerne mit Freundinnen.

Zalijeme trávník konvemi.
Wir begießen den Rasen aus Kannen.

Wenn das Hauptwort **sächlich** ist und in der **Einzahl** steht, dann endet es im Instrumental auf «**em**».
Ausnahme: Wörter, die in der Grundform auf «**í**» enden, enden im Instrumental auf «**ím**».

Nominativ

To je máslo.
Das ist eine Butter.

To je koření.
Das ist ein Gewürz.

Instrumental

Jím chleba s máslem.
Ich esse Brot mit Butter.

Omáčka s kořením.
Eine Soße mit einem Gewürz.

Wenn das Hauptwort **sächlich** ist und in der **Mehrzahl** steht, dann endet es

- auf «**y**», wenn es im Nominativ Plural auf «**a**» endet.
- auf «**i**», wenn es im Nominativ Plural auf «**e/ě**» endet.
- auf «**aty**», wenn es im Nominativ Plural auf «**ata**» endet.
- auf «**ími**», wenn es im Nominativ Plural auf «**í**» endet.

Nominativ Plural

To jsou kola.
Das sind Räder.

To jsou bydliště.
Das sind Wohnorte.

To jsou mláďata.
Das sind Jungtiere.

To jsou údolí.
Das sind Täler.

Instrumental

To je obchod s koly.
Das ist ein Laden mit Rädern.

Mám formulář s bydlišti.
Ich habe ein Formular mit Wohnorten.

Jedeme do zoa s mláďaty.
Wir fahren in einen Zoo mit Jungtieren.

To je malba s údolími.
Das ist ein Gemälde mit Tälern.

61

Tschechisch	Deutsch
sám/sama/samo	allein
palačinka (w)	Palatschinken (m)/Pfannkuchen/Eierkuchen
čokoláda (w)	Schokolade (w)
prázdný/prázdná/prázdné	leer
jet	fahren
pojedu (vollendeter Aspekt)	ich fahre
nakoupit (vollendeter Aspekt)	einkaufen
zaplatit (vollendeter Aspekt)	bezahlen
platební karta (w)	Geldkarte (die)

62 Text zur Lektion

Emma:	Kam jdeš?	Wohin gehst du?
Georg:	Jdu do kina.	Ich gehe ins Kino.
Emma:	Jdeš tam sám?	Gehst du alleine hin?
Georg:	Ne, jdu tam s dětmi.	Nein, ich gehe mit den Kindern hin.
Emma:	Chceš nejdřív něco jíst?	Willst du zuerst etwas essen?
Georg:	Ano, to je dobrý nápad. Třeba chleba s marmeládou.	Ja, das ist eine gute Idee. Zum Beispiel Brot mit Marmelade.
Emma:	To nemáme.	Das haben wir nicht.
Georg:	Tak budu jíst palačinku s čokoládou.	Dann werde ich einen Palatschinken mit Schokolade essen.
Emma:	To také nemáme.	Das haben wir auch nicht.
Georg:	A co teda máme?	Und was haben wir dann?
Emma:	Vůbec nic! Lednička je prázdná.	Überhaupt nichts. Der Kühlschrank ist leer.
Georg:	Tak pojedu autem nejdřív nakoupit.	Dann fahre ich zuerst mit dem Auto einkaufen.
Emma:	Nejlíp zaplatíš platební kartou.	Am besten zahlst du mit der Geldkarte.

Lektion 21

Wer hat gestern was gemacht?

Georg: Wird die Vergangenheit genau wie im Deutschen gebildet? Wie sage ich z. B. «ich schlief» / «ich schwamm» bzw. «ich habe geschlafen» / «ich bin geschwommen»?

Emma: Im Tschechischen gibt es nur eine einzige Vergangenheitsform. Sie wird mithilfe des Vollverbs und des Hilfsverbs «být» (dt. «sein») gebildet. Im Gegensatz zum Deutschen muss aber bei der Endung des Vollverbs berücksichtigt werden, ob die Aktion eine oder mehrere Personen ausführen und welches Geschlecht sie haben.

63

Tschechisch	Deutsch
později	später
kostel (m)	Kirche (die)
řešení (s)	Lösung (die)
klíč (m)	Schlüssel (der)
hned	gleich
přijít (vollendeter Aspekt)	kommen
najít (vollendeter Aspekt)	finden
sníst (vollendeter Aspekt)	aufessen
jinak	ansonsten
den (m)	Tag (der)
celý/celá/celé	ganz
konečně	endlich
běhat	laufen/joggen
dlouho	lange
sportovat (unvollendeter Aspekt)	sporteln / Sport treiben
zapomenout (vollendeter Aspekt)	vergessen
až na	bis auf
kuchyně (w)	Küche (die)
skoro	fast

Wenn der Handelnde **männlich** ist:

Spal jsem. ↓ Ich schlief.	Plaval jsem. ↓ Ich schwamm.

Wenn der Handelnde **weiblich** ist:

Spala jsem. ↓ Ich schlief.	Plavala jsem. ↓ Ich schwamm.

Wenn der Handelnde **sächlich** ist, z. B. ein Kätzchen:

Spalo. ↓ Es schlief.	Plavalo. ↓ Es schwamm.

Georg: Ich merke es schon. Bei einem Mann lautet die Endung «l» , bei einer Frau «la» und bei einem Kind «lo».

Emma: Richtig. Und wenn du sagen möchtest, dass mehrere Leute geschwommen sind, dann hängt die richtige Endung auch vom Geschlecht der Beteiligten ab.

Wenn **mindestens ein Mann** beteiligt ist, endet das Vollverb auf «**li**».

Spali jsme. ↓ Wir schliefen.	Plavali jsme. ↓ Wir schwammen.

Wenn **ausschließlich Frauen** beteiligt sind, endet das Vollverb auf «**ly**».

Spaly jsme. ↓ Wir schliefen.	Plavaly jsme. ↓ Wir schwammen.

Georg: Das ist wirklich sehr einfach. Kannst du mir noch die du-Form und die er-/sie-Form erklären?

Die **du-Form** wird entsprechend mit dem Hilfsverb «být» gebildet:

Wenn der Handelnde ein **Mann** ist:

Spal jsi.
↓
Du schliefst.

Plaval jsi.
↓
Du schwammst.

Wenn der Handelnde eine **Frau** ist:

Spala jsi.
↓
Du schliefst.

Plavala jsi.
↓
Du schwammst.

Die **er-/sie-Form** ist die allereinfachste. Sie wird ohne das Hilfsverb gebildet. Auch in der Mehrzahl.

Männlich	**Weiblich**	**Sächlich**
Einzahl:		
Plaval. ↓ Er schwamm.	Plavala. ↓ Sie schwamm.	Plavalo. ↓ Es schwamm.
Mehrzahl:		
Plavali. ↓ Sie schwammen.	Ženy plavaly. ↓ ↓ Die Frauen schwammen.	Koťata plavala. ↓ ↓ Die Kätzchen schwammen.

Hinweis:
Bei dem Hilfsverb «být» handelt es sich auch um ein Enklitikum, und daher steht es im Satz immer an der zweiten Stelle. Möchte man z. B. «ich schwamm» mit Betonung auf «ich» sagen, dann wird das «ich» im Satz erwähnt und das Hilfsverb steht vor dem Vollverb: Já jsem plaval. – Ich schwamm.

Bei manchen Verben kommt es bei der Bildung der Vergangenheit zur Stammänderung. Solche unregelmäßigen Verben sind z. B. «jít» (dt. «gehen») und die Ableitungen davon.

jít – gehen

Jdu do postele.
Ich gehe ins Bett.

Šel jsem do kostele.
Ich ging in die Kirche.

přijít – kommen

Přijdu hned.
Ich werde gleich kommen.

Přišel jsem později.
Ich kam später.

najít – finden

Najdu řešení.
Ich werde eine Lösung finden.

Našel jsem klíč.
Ich fand einen Schlüssel.

Merke:
Die Vergangenheit von «být» lautet in der Einzahl «byl», «byla», «bylo» und «byli», «byly», «byla» in der Mehrzahl.

Merke:
Wenn eine Frau «ich ging» sagt, sagt sie nicht «šel», sondern «šla». Wenn ein Kind «ich ging» sagt, lautet die Form «šlo».

64 Text zur Lektion

Emma:	Co jsi dělal dnes odpoledne?	Was hast du heute Nachmittag gemacht?
Georg:	Dnes odpoledne jsem vařil.	Heute Nachmittag habe ich gekocht.
Emma:	Kde je to jídlo? Nic jsem nenašla. Kuchyně je prazdná.	Wo ist das Essen? Ich habe nichts gefunden. Die Küche ist leer.
Georg:	Děti vše snědli, než jsi přišla.	Die Kinder aßen alles auf, bevor du kamst.
Emma:	Nevadí, koupila jsem hranolky.	Das macht nichts, ich habe Pommes frites gekauft.
Georg:	A co jsi dělala jinak celý den?	Und was hast du sonst den ganzen Tag gemacht?
Emma:	Byla jsem konecně běhat.	Ich war endlich laufen.
Georg:	Já jsem už dlouho nesportoval.	Ich habe schon lange keinen Sport mehr gemacht.
Emma:	Až na plavaní, to jsi skoro zapomněl.	Bis auf das Schwimmen, das hast du fast vergessen.
Georg:	Správně, včera jsem plaval.	Richtig, gestern bin ich geschwommen.

Lektion 22

Ein Ausflug in den Prager Zoo

Emma: Georg, was hältst du davon, wenn wir heute einen Ausflug in den Zoo machen?

Georg: Das ist eine sehr gute Idee! Und morgen können wir auf einen Campingplatz fahren.

Emma: Ja, das können wir machen.

Georg: Aber vorher würde ich gerne lernen, wie ich in der Stadt nach dem Weg frage.

Emma: Gut, dann fangen wir gleich an, die Höflichkeitsform (**ihr/Sie-Form**) zu lernen. Um sie zu bilden, hängt man der **er-/sie-Form** die Endung «-**te**» an.

65

Tschechisch	Deutsch
zoo (s)	Zoo (der)
vstupenka (w)	Eintrittskarte (die)
chtít	wollen
vědět	wissen
koupit (vollendeter Aspekt)	kaufen
vstát (vollendeter Aspekt)	aufstehen
džus (m)	Saft (der)
zastavit (vollendeter Aspekt)	anhalten

Ví**te**, kde je zoo?
Wissen Sie, wo der Zoo ist?

Pracuje**te** tady?
Arbeiten Sie hier?

Chce**te** koupit vstupenky?
Wollen Sie Einstrittskarten kaufen?

Mluví**te** německy?
Sprechen Sie Deutsch?

Georg: Einfacher geht es nicht!

Emma: Diese Formen der Höflichkeit gelten nicht nur für die Einzahl, sondern zugleich auch für die Mehrzahl (2. Person Mehrzahl im Tschechischen), d.h. die gleichen Sätze können wir anwenden, wenn wir nicht nur höflich eine Person, sondern auch eine Gruppe von Personen sowohl formell als auch familiär ansprechen möchten.

Hier sind einige Beispiele für Aussagesätze, wenn wir eine Gruppe ansprechen wollen:

Víte, kde je zoo.
Sie wissen, wo der Zoo ist.
Ihr wisst, wo der Zoo ist.

Chcete koupit vstupenky.
Sie wollen die Eintrittskarten kaufen.
Ihr wollt die Eintrittskarten kaufen.

Georg: Würden dann die Aussagesätze, die wir bis jetzt gelernt haben, so lauten: «plaváte, hledáte, spíte, nakupujete» ...?

Emma: Genau.

Georg: Und wie sage ich «ich möchte» statt «ich will»? Das wäre noch höflicher.

Emma: Dafür muss man den Konditional bemühen. Man bildet ihn genau wie die Vergangenheit, nur dass das Hilfsverb «být» im Konditional andere Formen hat: «bych, bys, by, bychom, byste».

chtít = wollen

Vergangenheit:

ich-Form

Chtěl(a) jsem vstát.
↓ ↓
Ich wollte aufstehen.

Sie-Form Einzahl

Chtěl(a) jste vstát.
↓ ↓
Sie wollten aufstehen.

ihr/Sie-Form Mehrzahl

Chtěli/y jste vstát.
↓ ↓
Sie wollten aufstehen.

Konditional:

ich-Form

Chtěl(a) bych vstát.
↓ ↓
Ich möchte aufstehen.

du-Form

Chtěl(a) bys vstát.
↓ ↓
Du möchtest aufstehen.

er/sie-Form

Chtěl(a) by vstát.
↓ ↓
Er/Sie möchte aufstehen.

wir-Form

Chtěli/y bychom vstát.
↓ ↓
Wir möchten aufstehen.

Höflichkeitsform Einzahl

Chtěl(a) byste vstát.
↓ ↓
Sie möchten aufstehen.

Höflichkeitsform Gruppe, ihr-Form

Chtěli/y byste vstát.
Sie möchten aufstehen.
Ihr möchtet aufstehen.

sie-Form (Mehrzahl)

Chtěli/y by vstát.
↓ ↓
Sie möchten aufstehen.

Emma: Der Kellner im Restaurant kann uns folgende Fragen stellen:
Chtěli byste něco pít? – Möchten Sie etwas trinken?
Chtěli byste už objednat? – Möchten Sie schon bestellen?
Chtěli byste jídelní lístek? – Möchten Sie die Speisekarte?
Chtěli byste džus? – Möchten Sie einen Saft?

Der Konditional funktioniert auf diese Weise auch mit anderen Tunwörtern:
šel bych – ich würde gehen
jel bys – du würdest fahren
koupil by – er würde kaufen
navštívili bychom – wir würden besuchen
zastavili byste – ihr würdet anhalten
vyspali by se – sie würden ausschlafen

66

Tschechisch	Deutsch
promiňte (vollendeter Aspekt)	entschuldigen Sie
stanice (w)	Haltestelle (die)
autobusová stanice (w)	Bushaltestelle (die)

no	na
minuta (w)	Minute (die)
otevírat (unvollendeter Aspekt)	öffnen
otevřít (vollendeter Aspekt)	öffnen
říct (unregelmäßig, vollendeter Aspekt)	sagen
říkat (unvollendeter Aspekt)	sagen
česky	tschechisch
nabízet (unvollendeter Aspekt)	anbieten
nabídnout (vollendeter Aspekt)	anbieten
sleva (w)	Ermäßigung (die)
učitelka (w)	Lehrerin (die)
velmi	sehr
zase	wieder/wiederum
zastavit	anhalten

67 Text zur Lektion

Georg:	Promiňte, víte, kde je autobusová stanice? Ó, promiňte, už stanici vidím, děkuji.	Entschuldigen Sie, wissen Sie, wo die Bushaltestelle ist? Oh, entschuldigen Sie, ich sehe schon die Haltestelle, danke.
Emma:	No konečně. Kde je jízdní řád?	Na endlich, wo ist der Fahrplan?
Georg:	Tady.	Hier.
Emma:	Jedeme do zoo. Teď je 8 hodin. Odjezd je za 5 minut. V 9 hodin zoo otevírá.	Wir fahren in den Zoo. Jetzt ist 8 Uhr. Abfahrt ist in 5 Minuten. Um 9 Uhr öffnet der Zoo.
Georg:	Jak řeknu česky «anbieten»?	Wie sage ich auf Tschechisch «anbieten»?
Emma:	«Nabízet».	
Georg:	Tak se zeptám u pokladny zoo: «Nabízíte slevu pro děti?»	Dann frage ich an der Zookasse: «Bieten Sie auch Ermäßigung für Kinder an?»
Emma:	Správně. Jsi velmi dobrý žák!	Richtig. Du bist ein sehr guter Schüler!
Georg:	A ty jsi zase dobrá učitelka.	Und du bist wiederum ein gute Lehrerin.

Lektion 23

Böhmisches Paradies*

Georg: Emma, hier am See im Böhmischen Paradies ist es wirklich sehr schön. Lass mich doch heute einen weiteren Fall lernen.

Emma: Ja, heute haben wir sehr viel Zeit dafür. Am besten lernen wir heute den Lokativfall. Er wird im Tschechischen immer mit einem Vorwort verwendet. Oft wird er als Ortsangabe eingesetzt («**Wo** befindet sich etwas?»), aber er kommt auch in Verbindung mit weiteren Vorwörtern vor.

68

Tschechisch	Deutsch
divák (m)	Zuschauer (der)
hovořit [o]	sprechen [über]
cestovní pas (m)	Reisepass (der)
strop (m)	Zimmerdecke (die)
schody (m Mehrzahl)	Treppe (die)
vlak (m)	Zug (der)
povídat si (unvollendeter Aspekt)	sich unterhalten
zážitek (m)	Erlebnis (das)
mluvit (unvollendeter Aspekt)	sprechen
les (m)	Wald (der)
jasný/jasná/jasné	klar
škola (w)	Schule (die)
řada (w)	Reihe (die)
krém (m)	Creme (die)
tuk (m)	Fett (das)
probrat (vollendeter Aspekt)	durchgehen (ein Thema)
airbag (m)	Airbag (der)
seno (s)	Heu (das)
věc (w)	Sache (die)
nebezpečí (s)	Gefahr (die)
hrozit (unvollendeter Aspekt)	drohen
nacházet se (unvollendeter Aspekt)	sich befinden
postoj (m)	Einstellung (die)
trn (m)	Dorn (der)

* Mittelgebirgslandschaft mit zahlreichen Naturwundern, unter Naturschutz

69 Vorwörter, die den Lokativ verlangen:

Vorwörter mit Ortsangabe:

na: Cestovní pas leží **na** stole.	auf: Der Reisepass liegt auf dem Tisch.
na: Lampa visí **na** stropě.	an: Die Lampe hängt an der Zimmerdecke.
v(e): **Ve** vlaku je dost místa.	in: Im Zug ist genug Platz.
po: **Po** schodech jdu pomalu.	auf: Auf der Treppe gehe ich langsam.

Weitere Vorwörter:

o: Povídáme si **o** zážitkách.	über: Wir unterhalten uns über Erlebnisse.
po: **Po** obědě si odpočineme.	nach: Nach dem Mittagessen ruhen wir uns aus.
při: **Při** jídle se nemluví.	bei: Beim Essen spricht man nicht.

Wenn das Hauptwort **männlich** und **belebt** ist, endet es in der **Einzahl** auf «**ovi**»:

To je muž.
Das ist ein Mann.

Mluvíme o mužovi.
Wir sprechen über einen Mann.

Wenn das Hauptwort **männlich** und **unbelebt** ist, endet es in der **Einzahl** auf «**i**» nach **weichen** Konsonanten und «**l/z**» und auf «**e/ě/u**» endet es nach harten und neutralen Konsonanten.

To je jasný postoj.
Das ist eine klare Einstellung.

Záleží na postoji.
Es hängt von der Einstellung ab.

Tam je hrad/les.
Dort ist die Burg / der Wald.

Byli jsme na hradě.
Wir waren auf der Burg.

Jsme v lese.
Wir sind im Wald.

Mám krém.
Ich habe eine Creme.

V krému je tuk.
In der Creme ist Fett.

Wenn das Hauptwort **männlich** ist, endet es in der **Mehrzahl** auf «**ích**» nach **weichen** Konsonanten und «**l/z**» und auf «**ech**» nach **harten** und **neutralen** Konsonanten:

To jsou diváci.
↓ ↓ ↓
Das sind Zuschauer.

Dívám se po divácích, kde jsou.
↓ ↓ ↓ ↓ ↓
Ich schaue nach den Zuschauern, wo sie sind.

To jsou hrady.
↓ ↓ ↓
Das sind Burgen.

Byli jsme na hradech.
↓ ↓ ↓ ↓
Wir waren auf den Burgen.

Wenn das Hauptwort **weiblich** ist, dann endet es in der **Einzahl** auf «**i**». Ausnahme: Wörter, die im Nominativ auf «**a**» enden, enden im Lokativ auf «**e/ě**».

Na růži jsou trny.
↓ ↓ ↓ ↓
An der Rose sind Dornen.

Děti jsou ve škole.
↓ ↓ ↓ ↓
Die Kinder sind in der Schule.

Jsi na řadě.
↓ ↓ ↓
Du bist an der Reihe.

Wenn das Hauptwort **weiblich** ist und in der **Einzahl** auf «**a**» endet, dann endet es in der **Mehrzahl** auf «**ách**».

To je matka.
↓ ↓ ↓
Das ist eine Mutter.

Stojíme při matkách.
↓ ↓ ↓
Wir stehen bei den Müttern.

Wenn das Hauptwort **weiblich** ist und in der **Einzahl** auf «**e/ě**» oder einen **weichen** Konsonanten endet, dann endet es in der Mehrzahl auf «**ích**».

To je široká ulice.
↓ ↓ ↓ ↓
Das ist eine breite Straße.

Chodíme po ulicích.
↓ ↓ ↓
Wir gehen durch die Straßen.

Wenn das Hauptwort **weiblich** ist und in der **Einzahl** auf einen **harten** Konsonanten endet, dann endet es in der **Mehrzahl** auf «**ech**».

To je moje věc.	Najdeme to ve věcech.
Das ist meine Sache.	Wir finden es in den Sachen.

Wenn das Hauptwort **sächlich** ist und auf «**o**» endet, endet es in der Einzahl auf «**ě/u**» und in der Mehrzahl auf «**ech**».

Einzahl	Mehrzahl
Probereme to při pivě/u.	V autech jsou airbagy.
Wir besprechen das bei einem Bier.	In den Autos sind Airbags.

Wenn das Hauptwort **sächlich** ist und auf «**e**» endet, endet es in der **Einzahl** auf «**i**» und in der **Mehrzahl** auf «**ích**».

	Einzahl	Mehrzahl
Tam je pole.	Na poli stojí žena.	Na polích je seno.
Dort ist ein Feld.	Auf dem Feld steht eine Frau.	Auf den Feldern ist Heu.

Wenn das Hauptwort **sächlich** ist und auf «**í**» endet, endet es in der **Einzahl** auf «**í**» und in der **Mehrzahl** auf «**ích**».

	Einzahl	Mehrzahl
Hrozí nebezpečí.	při nebezpečí vyrazit	Nacházíme se v nebezpečích.
Es droht Gefahr.	bei Gefahr loslaufen	Wir befinden uns in Gefahren.

70

Tschechisch	Deutsch
rybník (m)	kleiner See (der)
Český ráj (m)	Böhmisches Paradies (das)
svačina (w)	Vesper (die)
popovídat si (vollendeter Aspekt)	plaudern
cesta (w)	Reise (die), Weg (der)
obzvlášť	besonders
tento, tato, toto	dieser, diese, dieses
skála (w)	Felsen (der)
lézt (unvollendeter Aspekt)	klettern
pravda (w)	Wahrheit (die)
to je pravda	das stimmt / das ist wahr

71 Text zur Lektion

Emma:	Konečně jsme v Českém ráji.	Endlich sind wir im Böhmischen Paradies.
Georg	Ano, byla to dlouhá cesta.	Ja, es war eine lange Reise.
Emma:	A tento rybník je obzvlášť hezký.	Und dieser kleine See ist besonders schön.
Georg:	To je pravda.	Das stimmt.
Emma:	Kde je zase Beni?	Wo ist Beni wieder?
Georg:	Už je ve vodě.	Er ist schon im Wasser.
Emma:	A Emily?	Und Emily?
Georg:	Leze po skále.	Sie klettert am Felsen.
Emma:	Dobře, po svačině si popovídáme.	Gut, nach der Vesper plaudern wir.

Lektion 24

Der Magen knurrt

Emma: Heute erkläre ich dir die Umstandswörter. Die tschechischen Wiewörter mit ihren Endungen «ý», «á» und «é» hast du vor ein paar Tagen schon gemeistert. Sie beschreiben einen Zustand oder eine Eigenschaft. Zum Beispiel:

Vůz je pomalý. – Der Wagen ist langsam.
To je pomalý vůz. – Das ist ein langsamer Wagen.

Georg: In welchen Situationen verwende ich dann die Umstandswörter?
Emma: Das Umstandswort drückt die Art und Weise aus, wie eine Handlung verläuft.

Merke:
Die Umstandswörter haben im Tschechischen im Gegensatz zu den tschechischen Wiewörtern eine unveränderliche Endung und zwar in allen Geschlechtern.

Wiewort	**Umstandswort**
Männlich	
Vůz je rychlý. ↓ ↓ ↓ Der Wagen ist schnell.	Vůz jede rychle. ↓ ↓ ↓ Der Wagen fährt schnell.
Weiblich	
Paní je rychlá. ↓ ↓ ↓ Die Frau ist schnell.	Paní jede rychle. ↓ ↓ ↓ Die Frau fährt schnell.

Sächlich

Auto je rychlé.
↓ ↓ ↓
Das Auto ist schnell.

Auto jede rychle.
↓ ↓ ↓
Das Auto fährt schnell.

Merke:
Die Umstandswörter enden auf «e» oder auf «y». Bei manchen Wörtern verändert sich allerdings die Umstandswort-Endung zu «ě». Es hängt von dem vorhergehenden Buchstaben ab:

Regelmäßig:

-ný > -ně	pěkný	>	Venku je pěkně. – Draußen ist es schön.
-tý > -tě	hustý	>	Město je hustě obydlené. – Die Stadt ist dicht bevölkert.
-dý > -dě	rudý	>	rudě zbarvený – rot gefärbt
-bý > -bě	slabý	>	Člověk vypadá slabě. – Der Mensch sieht schwach aus.
-vý > -vě	hotový	>	platit hotově – bar zahlen
-ký > -ce	lehký	>	Jde to lehce. – Es geht leicht.
-cký > -cky	německý	>	Mluvím německy. – Ich spreche Deutsch.
-ský > -sky	český	>	Mluvíme česky. – Wir sprechen Tschechisch.
-zký > -zky	hezký	>	Zůstaneme hezky doma. – Wir bleiben schön zu Hause.
-cký > -cky	řecký	>	Řekneme to řecky. – Wir sagen das auf Griechisch.
-rý > -ře	dobrý	>	Dobře se vyspíme. – Wir schlafen gut aus.

Aber es gibt auch **Ausnahmen**. Beispielsweise wird aus dem Adjektiv «pomalý» (dt.: langsam) das Umstandswort «pomal**u**»:
Vůz jede pomalu. – Der Wagen fährt langsam.
Paní jede pomalu. – Die Frau fährt langsam.
Auto jede pomalu. – Das Auto fährt langsam.

72

Tschechisch	Deutsch
vůz (m)	Wagen (der)
paní (w)	Frau (die)
pomalý/pomalý/pomalé | pomalu	langsam
rychlý/rychlá/rychlé | rychle	schnell
hustý/hustá/husté | hustě	dick, dicht

rudý/rudá/rudé | rudě	blutrot, feuerrot
slabý/slabá/slabé | slabě	schwach
obydlený/obydlená/obydlené	bevölkert, bewohnt
zbarvený/zbarvená/zbarvené	gefärbt
člověk (m)	Mensch (der)
hotový/hotová/hotové	fertig
hotově	bar
lehký/lehká/lehké | lehce	leicht
hezký/hezká/hezké | hezky	schön
nejlépe	am besten
když	wenn
pěkný/pěkná/pěkné | pěkně	schön, ganz schön
proč	warum
protože	weil
strašný/strašná/strašné | strašně	schrecklich
pospíšit si	sich beeilen
nebo	oder

73 Text zur Lektion

Georg:	Budeme dnes jíst španělsky nebo řecky?	Werden wir heute spanisch oder griechisch essen?
Emma:	Nejlépe česky, když už jsme v Praze.	Am besten böhmisch, wenn wir schon in Prag sind.
Georg:	Dobře.	Gut!
Emma:	Ale pěkně si pospíšíme!	Aber wir beeilen uns besser!
Georg:	Proč?	Warum?
Emma:	Protože mám strašně hlad!	Weil ich schrecklich Hunger habe!

Lektion 25

Mit Eli die Stadt unsicher machen

Georg: Weißt du noch, als ich meine Tschechisch-Kenntnisse mit deiner Freundin Eli überprüfen wollte?

Emma: Ja, daran erinnere ich mich.

Georg: Ich habe Eli eingeladen den morgigen Tag mit uns zu verbringen.

Emma: Das freut mich! Dann können wir heute die Zukunftsform der Mehrzahl lernen, um zu beschreiben, was wir morgen mit Eli unternehmen.

Der unvollendete Aspekt wird genauso gebildet wie bei der Einzahl mit «**být**» + Grundform:

Budeme se brát.	Budete se hádat.	Děti budou nadávat.
↓ ↓	↓ ↓ ↓	↓ ↓ ↓
Wir werden heiraten.	Ihr werdet euch streiten.	Die Kinder werden schimpfen.

Der vollendete Aspekt wird genauso gebildet wie bei der Einzahl mit den passenden Vorsilben bei der Gegenwartsform des Tunworts:

udělat – machen (die Handlung zum Abschluss bringen)
uděláme to – wir machen es
uděláte to – ihr macht es / Sie machen es
udělají to – sie machen es

Wenn man die Handelnden betonen möchte, verwendet man die entsprechenden Fürwörter im Satz:

my – wir	**My** to uděláme.
vy – ihr/Sie	**Vy** to uděláte.
oni/ony – sie	**Oni** to udělají.

Merke:
Beim «**to**» (unpersönliches «es») handelt es sich wieder um ein Enklitikum. Es steht daher an der **zweiten** Stelle im Satz.

Beim unregelmäßigen «**jít**» lauten die Formen der vollendeten Zukunft:
půjdeme – wir werden gehen
půjdete – ihr werdet gehen
půjdou – sie werden gehen

74

Tschechisch	Deutsch
nadávat (unvollendeter Aspekt)	schimpfen
brát se (unvollendeter Aspekt)	heiraten
vyrazit (vollendeter Aspekt)	loslaufen, aufbrechen
jarmark (m)	Jahrmarkt (der)
zábava (w)	Spaß (der)
myslet (unvollendeter Aspekt)	denken
muzeum (n)	Museum (das)
zajít (vollendeter Aspekt)	gehen
jakmile	sobald
park (m)	Park (der)
podniknout (vollendeter Aspekt)	unternehmen
všichni	alle

75 Text zur Lektion

Georg:	Emily a ty jdete zítra v poledne asi na jarmark, že?	Emily und du, ihr geht morgen Mittag wahrscheinlich zum Volksfest, nicht wahr?
Emma:	Ano, a tam budeme také tancovat.	Ja, und dort werden wir auch tanzen.
Georg:	To budete mít zábavu.	Ihr werdet Spaß haben.
Emma:	A co budeš dělat s Benem?	Und was wirst du mit Beni machen?
Georg:	Myslím, že půjdeme do muzea. A potom si zajdeme na zmrzlinu.	Ich denke, wir werden ins Museum gehen. Und dann gehen wir Eis essen.
Emma:	To není špatný nápad.	Das ist keine schlechte Idee.
Georg:	Co podnikneme s Eli?	Was unternehmen wir mit Eli?
Emma:	Jakmile kamarádka odpoledne příjde, vyrazíme všichni do parku.	Sobald die Freundin am Nachmittag kommt, brechen wir alle zum Park auf.

Lektion 26

Campingvorbereitungen

Georg: Vor dem Camping sollten wir ein paar Vorbereitungen treffen.
Emma: Unbedingt! Und dazu passt es auch die Modal-Tunwörter zu lernen. Das Modal-Tunwort «chtít» (dt. «wollen») hast du schon gelernt. «Können», «müssen», «dürfen» und «sollen» gehören auch zu dieser Gruppe der Tunwörter.

76

Tschechisch	Deutsch
moct	können (im Sinne von dürfen)
umět	können (im Sinne von fähig sein)
klavír (m)	Klavier (das)
kytara (w)	Gitarre (die)
muset	müssen
smět	dürfen
krátce	kurz
přerušit (vollendeter Aspekt)	unterbrechen
mít	sollen, haben
chtít	wollen

wollen: chtít

Ich will ein Eis. — Chci zmrzlinu.
Ich wollte ein Eis. — Chtěl jsem zmrzlinu.
Ich möchte ein Eis. — Chtěl bych zmrzlinu.

können: moct

Ich kann helfen. — Můžu pomoct.
Ich konnte helfen. — Mohl jsem pomoct.
Ich könnte helfen. — Mohl bych pomoct.

können: umět

Ich kann Klavier spielen. — Umím hrát na klavír.
Ich konnte Klavier spielen. — Uměl jsem hrát na klavír.
Ich könnte Klavier spielen. — Uměl bych hrát na klavír.

müssen: muset

Ich muss schon fahren.	Musím už jet.
Ich musste schon fahren.	Musel jsem už jet.
Ich müsste schon fahren.	Musel bych už jet.

dürfen: smět

Ich darf Fleisch essen.	Smím jíst maso.
Ich durfte Fleisch essen.	Směl jsem jíst maso.
Ich dürfte Fleisch essen.	Směl bych jíst maso.

dürfen: moct

Darf ich kurz unterbrechen?	Mohu krátce přerušit?
Durfte ich kurz unterbrechen?	Mohl jsem krátce přerušit?
Dürfte ich kurz unterbrechen?	Mohl bych krátce přerušit?

sollen: mít

Soll ich heute Gitarre spielen?	Mám dnes hrát na kytaru?
Sollte ich heute Gitarre spielen?	Měl jsem dnes hrát na kytaru? (Vergangenheit)
Sollte ich heute Gitarre spielen?	Měl bych dnes hrát na kytaru? (Konditional)
Du solltest heute Gitarre spielen.	Měl jsi dnes hrát na kytaru. (Vergangenheit)
Du solltest heute Gitarre spielen.	Měl bys dnes hrát na kytaru. (Konditional)

Merke:
Modalverben sind aspektlos, d.h. es gibt immer nur eine Form des Tunworts.

77

Tschechisch	Deutsch
obstarat (vollendeter Aspekt)	besorgen
kemp (m)	Campingplatz (der)
stan (m)	Zelt (das)
no	na, hmm
podpalovač (m)	Feueranzünder (der)
uhlí (s)	Kohle (die)
dřevěné uhlí (s)	Holzkohle (die)

špekáček (m)	Speckwurst (die)
na to	daran, darauf
se	man
smí se	darf man

78 Text zur Lektion

Georg:	Brzo jedeme kempovat. Stan máme. Co musíme ještě obstarat?	Bald gehen wir campen. Ein Zelt haben wir. Was müssen wir noch besorgen?
Emma:	No, smí se v kempu dělat oheň?	Na, darf man auf dem Campingplatz Feuer machen?
Georg:	Ano, smí.	Ja, darf man.
Emma:	Tak, musíme koupit každopádně podpalovač.	Dann müssen wir unbedingt einen Feueranzünder kaufen.
Georg:	Mám koupit také dřevěné uhlí?	Soll ich auch Holzkohle kaufen?
Emma:	Ne, nemusíš. Ale Beni chce určitě špekáček. Můžeš na to myslet?	Nein, musst du nicht. Aber Beni will bestimmt eine Speckwurst. Kannst du daran denken?

Lektion 27

Wertschätzung

Emma: Es fehlt uns noch ein ganz entscheidender grammatischer Fall, der Vokativ.

Georg: Dieser mysteriöse Fall, der im Deutschen nicht existiert?

Emma: Ja, aber er ist ganz leicht zu verstehen. Der Vokativ wird immer dann verwendet, wenn du jemanden ansprichst oder rufst. Wenn du z. B. mich ansprichst, sagst du im Deutschen «Emma», im Tschechischen musst du mich dagegen mit «Emmo» ansprechen.

Georg: Ich merke schon, mit dem Vokativ ändert sich sogar die Endung von Eigennamen.

Emma: Ja, aber nicht nur von Eigennamen, sondern auch von allen Personen z. B. mit einer Berufsbezeichnung. Ich erkläre dir jetzt, welche Endung wann verwendet wird.

79

Tschechisch	Deutsch
vážený/vážená/vážené	geehrt
Mami!	Mama!
všechno, vše	alles
mě	mich
těšit (unvollendeter Aspekt)	trösten
miláček (m)	Liebling (der)
těšit se (unvollendeter Aspekt)	sich freuen
tebe	dich
zlato (s)	Schatz (der), Gold (das)

In der Mehrzahl, also wenn z. B. zwei Personen angesprochen werden, entspricht die Vokativ-Endung der Nominativ-Endung:

Nominativ

To jsou soudci.
↓ ↓ ↓
Das sind Richter.

Vokativ

Soudci!
↓
Richter!

Tam jsou dámy a pánové.
↓ ↓ ↓ ↓ ↓
Dort sind Damen und Herren.

Vážené dámy, vážení pánové!
↓ ↓ ↓
Sehr geehrte Damen und Herren!

In der Einzahl muss zwischen dem männlichen und dem weiblichen Geschlecht unterschieden werden.

Männliche Namen:

Männliche Namen, die auf «**í**», «**é**» oder «**o**» enden, bleiben unverändert:
Brun**o** → Brun**o**!
Jiř**í** → Jiř**í**!
Ren**é** → Ren**é**!

Männliche Hauptwörter, die auf «**k**», «**g**», «**h**» oder «**ch**» enden, erhalten die Endung «**u**»:
ho**ch** → ho**chu**!
Mare**k** → Mar**ku**!
Ausnahme: sy**n** → sy**nu**!

Männliche Namen, die auf «**el**», «**s**» oder «**š**» enden, erhalten die Endung «**i**»:
Gabrie**l** → Gabrie**li**!
Thoma**s** → Thoma**si**!
Tomá**š** → Tomá**ši**!

Alle anderen Namen enden im Vokativ regulär auf «**e**»:
Jan → Jan**e**!
Martin → Martin**e**!
Petr → Petř**e**!

Weibliche Namen:

Weibliche Namen, die im Nominativ auf «**e**» enden, bleiben **unverändert**:
Juli**e** → Juli**e**!
Amali**e** → Amali**e**!

Weibliche Namen, die im Nominativ auf «a» enden, erhalten die Endung «o»:
Andrea → Andreo!
Diana → Diano!

Ohne Grundform im Nominativ → Mami!

Alle übrig gebliebenen Namen und Hauptwörter erhalten im Vokativ die Endung «i».

80 Text zur Lektion

Emma:	Georgu, koupil jsi všechno?	Georg, hast du alles eingekauft?
Georg:	Ano, Emmo.	Ja, Emma.
Emma:	To mě těší, miláčku!	Das freut mich, Liebling!
Georg:	Pro tebe, zlato, udělám všechno!	Für dich, Schatz, mache ich alles!

Lektion 28

Wählerisch

Georg: Unser Camping war super. Wie sage ich auf Tschechisch eigentlich «unser»?

Emma: «Unser» gehört zur Klasse der besitzanzeigenden Fürwörter. Die Form dieser Fürwörter hängt vom Geschlecht des Hauptwortes hinter dem Fürwort ab.

81

Tschechisch	Deutsch
žaludek (m)	Magen (der)
tužka (w)	(Blei-)Stift (der)
zvedat se (unvollendeter Aspekt)	sich heben
skříň (w)	Schrank (der)
sešit (m)	Heft (das)
vlhký/vlhká/vlhké	feucht
hlava (w)	Kopf (der)
bolet	schmerzen
kemping (m)	Camping (das)
šance (w)	Chance (die)
výlet (m)	Ausflug (der)
podařit se (vollendeter Aspekt)	gelingen
nápad (m)	Idee (die)
miminko (s)	Baby (das)
starý/stará/staré	alt
kapesník (m)	Taschentuch (das)
špinavý/špinavá/špinavé	schmutzig
poprosit (vollendeter Aspekt)	bitten

Männlich **Weiblich** **Sächlich**

Mein:

Můj žaludek bolí.
↓ ↓ ↓
Mein Magen schmerzt.

Moje skříň je stará.
↓ ↓ ↘ ↘
Mein Schrank ist alt.

To je moje auto.
↓ ↓ ↓ ↓
Das ist mein Auto.

Dein:

Tvůj sešit je vlhký.
↓ ↓ ↓ ↓
Dein Heft ist feucht.

Tvoje hlava bolí.
↓ ↓ ↓
Dein Kopf schmerzt.

To je tvoje kolo.
↓ ↓ ↓ ↓
Das ist dein Rad.

Unser:

Náš kempink byl supr.
↓ ↓ ↓ ↓
Unser Camping war super.

To je naše šance.
↓ ↓ ↓ ↓
Das ist unsere Chance.

To je naše auto.
↓ ↓ ↓ ↓
Das ist unser Auto.

Euer/Ihr (Höflichkeit):

Váš výlet se podařil.
↓ ↓ ↓ ↓
Ihr Ausflug ist gelungen.

Vaše nápady jsou dobré.
↓ ↓ ↓ ↓
Ihre Ideen sind gut.

Vaše miminko je velké.
↓ ↓ ↓ ↓
Ihr Baby ist groß.

In der er-/sie-Form hängt das Fürwort allerdings von dem Geschlecht des «Besitzers» ab:

sein/Einzahl:

To je jeho tužka.
↓ ↓ ↓ ↘
Das ist sein/dessen Stift.

ihr/Einzahl:

To je její tužka.
↓ ↓ ↓ ↓
Das ist ihr/deren Stift.

Ihr/Mehrzahl:

To je jejich tužka.
↓ ↓ ↓ ↓
Das ist ihr/deren Stift.

82 Text zur Lektion

Georg:	Víš, kde je tvůj kapesník?	Weißt du, wo dein Taschentuch ist?
	Tvoje ruka je totiž špinavá.	Deine Hand ist nämlich schmutzig.
Emma:	Nevím, kde je můj kapesník.	Ich weiß nicht, wo mein Taschentuch ist.
	Ale Emma a Beni mají kapesník.	Aber Emma und Beni haben ein Taschentuch.
Georg:	Dobře, poprosím o její kapesník.	Gut, ich bitte um ihr Taschentuch.
Emma:	Ne, o jeho kapesník prosím.	Nein, sein Taschentuch bitte.

Lektion 29

Abschiedsgeschenke

Emma: Georg, wir sind am Ende unserer Reise. Nur noch zwei Tage und dann müssen wir zurückfahren. Wir sollten noch Abschiedsgeschenke für unsere Freunde kaufen.

Georg: Schade, hier in Tschechien kann ich Tschechisch am besten lernen. Haben wir denn alles Wichtige gelernt? Du hast gesagt, es gibt sieben Fälle, und wir haben nur sechs besprochen.

Emma: Ja, wir sollten noch den Dativ lernen. Der Dativ hat übrigens in der Einzahl die gleichen Endungen wie der Lokativ.

Georg: Das ist schon mal gut. Dann kann ich ja fast Tschechisch.

Emma: Der Dativ antwortet auf die Frage «Wem gebe/bringe/schenke/etc. ich ...?» und wird zwingend mit einigen Vorwörtern gebraucht.

83

Tschechisch	Deutsch
výlet (m)	Ausflug (der)
permanentka (w)	Dauerkarte (die)
ušetřit (vollendeter Aspekt)	sparen
soused (m)	Nachbar (der)
fér	fair
bratr (m)	Bruder (der)
tabule (w)	Tafel (die)
východ (m)	Ausgang (der)
náměstí (s)	Stadtplatz (der)

84

Vorwörter, die den Dativ verlangen:

k: Jdu **k** matce.	zu: Ich gehe zur Mutter.
proti: Jsem **proti** výletu.	gegen: Ich bin gegen den Ausflug.
naproti: Stojím **naproti** obchodu.	gegenüber: Ich stehe gegenüber dem Laden.
oproti: **Oproti** bratrovi jsem rychlý.	im Gegenteil: Im Gegenteil zu meinem Bruder bin ich schnell.
díky: **Díky** permanentce ušetříme.	dank: Dank der Dauerkarte sparen wir.
vůči: **Vůči** sousedovi to není fér.	gegenüber: Gegenüber dem Nachbarn ist es nicht fair.
kvůli: **Kvůli** výletu nemůžeme.	wegen: Wegen des Ausflugs können wir nicht.

Emma: Dann erkläre ich dir jetzt noch die Dativ-Verwendung in der **Mehrzahl**.

Wenn das Hauptwort **männlich** ist, endet es im Dativ auf «**ům**»:

Kde je bratr?
Wo ist der Bruder?

Díky bratrům tam můžu jít.
Wegen der Brüder kann ich dort hingehen.

Wenn das Hauptwort **weiblich** ist und auf «**a**» endet, dann endet es im Dativ auf «**ám**»:

Je už matka.
Sie ist schon Mutter.

Dáme matkám dárek.
Wir geben den Müttern ein Geschenk.

Wenn das Hauptwort **weiblich** ist und auf einen **harten** Konsonanten endet, dann endet es im Dativ auf «**em**»:

Tady je místnost.
Hier ist ein Raum.

Naproti místnostem je východ.
Gegenüber den Räumen ist ein Ausgang.

In allen anderen Fällen endet ein weibliches Hauptwort im Dativ auf «**ím**»:

Tam je tabule.
Dort ist die Tafel.

Naproti tabulím jsou okna.
Gegenüber den Tafeln sind Fenster.

Wenn das Hauptwort **sächlich** ist und auf «**o**» endet, dann endet es im Dativ auf «**ům**»:

To je auto.
Das ist ein Auto.

Jdeme k autům.
Wir gehen zu den Autos.

Wenn das Hauptwort **sächlich** ist und es sich um **Jungtiere** oder **Adelstitel** (+ «**děvče**», + «**zvíře**») handelt, dann endet es im Dativ auf «**atům**»:

To je zvíře.
↓ ↓ ↓
Das ist ein Tier.

Dám to zvířatům.
↓ ↓ ↓
Ich gebe es den Tieren.

In allen anderen Fällen endet ein sächliches Hauptwort im Dativ auf «**ím**»:

To je náměstí.
↓ ↓ ↓
Das ist ein Stadtplatz.

Jdeme k náměstím.
↓ ↓ ↓
Wir gehen zu den Stadtplätzen.

85

Tschechisch	Deutsch
synovec (m)	Neffe (der)
řetízek (m)	Kette (die), Kettchen (das)
kolegyně (w)	Kollegin (die)
přivést (vollendeter Aspekt)	bringen (fahrend)
přinést (vollendeter Aspekt)	bringen (nicht fahrend)
oplatka (w)	Oblate, Waffel (die)
utrácet (unvollendeter Aspekt)	ausgeben (Geld)
dieta (w)	Diät (die)
sladkost (w)	Süßigkeit (die)
učit se	lernen

86 Text zur Lektion

Georg:	Tak zítra jedeme zpátky. Co musíme vše koupit?	Also, morgen fahren wir zurück. Was müssen wir alles kaufen?
Emma:	Chtěla bych kamarádce koupit parfém.	Ich möchte der Freundin ein Parfüm kaufen.
Georg:	A já bych chtěl zaplatit synovcovi výlet.	Und ich möchte dem Neffen einen Ausflug bezahlen.
Emma:	Já chci také koupit kolegini řetízek.	Ich will auch einer Kollegin eine Kette kaufen.

Georg:	A já bych chtěl kamarádům přivést české pivo.	Und ich möchte (meinen) Freunden tschechisches Bier mitbringen.
Emma:	A tetám přinesu oplatky.	Und den Tanten bringe ich Oblaten.
Georg:	Jsem proti oplatkám. Jsou na dietě.	Ich bin gegen Oblaten. Sie sind auf Diät.
Emma:	Dobře, nebudeme utrácet peníze za sladkosti.	Gut, wir werden kein Geld für Süßigkeiten ausgeben.

Lektion 30

Geschenksuche

Georg: Emma, in manchen Fällen ist mir aufgefallen, dass sich manche Endungen auf die Buchstaben im Wort auswirken.

Emma: Ja, das kommt vor allem im Lokativ, aber auch im Nominativ und Vokativ vor, bei Wörtern, die auf einen weichen Konsonanten enden.

87

Tschechisch	Deutsch
kluk (m)	Junge (der)
hroch (m)	Nilpferd (das)
roh (m)	Ecke (die)
setkat se (vollendeter Aspekt)	sich treffen
kamera (w)	Kamera (die)
kolega (m)	Kollege (der)

Wenn ein grammatischer Fall die Endungen «**i**» oder «**e/ě**» erfordert, passieren zwei Dinge mit den Buchstaben davor:
Wenn es sich um die Buchstaben «**d/t/n**» handelt, werden sie weich ausgesprochen: «**ď/ť/ň**». Die Schreibweise bleibt dabei erhalten: «**di**», «**ti**», «**ni**», «**dě**», «**tě**», «**ně**».
Die Buchstaben «**k/g/h/ch**» verändern sich vor «**i/e**» sogar, wie dir aufgefallen ist. Die wichtigsten Veränderungen sind:

«k» > «c»

To je kluk.
↓ ↓ ↓
Das ist ein Junge.

Tam jsou kluci.
↓ ↓ ↓
Dort sind Jungen.

«g» > «z»

To je kolega.
↓ ↓ ↓
Das ist ein Kollege.

Mluvíme o kolezích.
↓ ↓ ↓
Wir sprechen über die Kollegen.

«ch» > «š»

Je to	hroch?
↓ ↓	↓
Ist es ein	Nilpferd?

Kde	žijí	hroši?
↓	↓	↓
Wo	leben	Nilpferde?

«h» > «z»

Tady	je	roh.
↓	↓	↓
Hier	ist	eine Ecke.

Lampy	stojí	v	rozích.
↓	↓	↓	↓
Die Lampen	stehen	in	den Ecken.

«tr» verändert sich im Vokativ vor «e» zu «tř»:

To	je	Petr.
↓	↓	↓
Das	ist	Peter.

Ahoj,	Petře!
↓	↓
Hallo,	Peter!

Hauptwörter auf «**ra**» verändern sich im Dativ und Lokativ zu «**ře**»:

To	je	kamera.
↓	↓	↓
Das	ist	eine Kamera.

Je	to	na	kameře.
↓	↓	↓	↓
Es	ist	auf der	Kamera.

88

Tschechisch	Deutsch
pozítří (s)	übermorgen
hlavně	vor allem, hauptsächlich
pták (m)	Vogel (der)
Praha	Prag
Petra (jméno)	Petra (Name)
sestra (w)	Schwester (die)
vůbec	überhaupt
dcera (w)	Tochter (die)
radost (w)	Freude (die)
korál (m)	Perle (die)
šňůra (w)	Schnur (die)

89 Text zur Lektion

Georg:	Ptáci v Praze pěkně zpívají.	Die Vögel in Prag singen schön.
Emma:	Hlavně na balkóně, že?	Vor allem auf dem Balkon, nicht wahr?
	Kdy dáš sestře dárek?	Wann gibst du der Schwester das Geschenk?
Georg:	Petře dám dárek pozítří.	Petra gebe ich das Geschenk übermorgen.
Emma:	A co koupíme dceři k narozeninám?	Und was kaufen wir unserer Tochter zum Geburtstag?
Georg:	Měla by radost třeba z korálů na šňůře.	Sie würde sich zum Beispiel über eine Perlenschnur freuen.

Kurze Grammatikübersicht

Wichtige Redensarten und Grundregeln

ano – ja
ne – nein, nicht
děkuji – danke
prosím – bitte
dobrý den – guten Tag
na shledanou – auf Wiedersehen

Die Betonung ist immer auf der **ersten** Silbe.
Im Normalfall gibt es **keine** Verwendung der Fürwörter (ich, du, er ...) und der Artikel (der, die, das). Ten/ta/to werden nur als **hinweisende** Fürwörter verwendet.
Im Tschechischen gibt es **drei** grammatische Geschlechter.

Nominativ

Wird bestimmt durch die Frage «wer oder was».

männlich	hra**d**	Endet typischerweiser auf einen **Konsonanten**.
weiblich	váz**a**	Endet mit hoher Wahrscheinlichkeit auf -**a**.
sächlich	kol**o**, nádraž**í**	Endet mit hoher Wahrscheinlichkeit auf -**o** oder -**í**.

Wiewörter

männlich	mal**ý** hrad
weiblich	mal**á** váza
sächlich	mal**é** kolo

Besitzanzeigende Fürwörter

männlich	**můj/tvůj** hrad (m)	
weiblich	moj**e**/tvoj**e** váza (w)	Weibliche und sächliche bes. Fürwörter
sächlich	moj**e**/tvoj**e** kolo (s)	enden beide auf -**e**.

Genitiv steht im Tschechischen mit der Angabe einer Menge und nach bestimmten Vorwörtern.

Mengenangaben:

cukr (Nominativ)	trochu cukru (Genitiv)
pivo (Nominativ)	láhev piva (Geniviv)

Wichtige Vorwörter:

bez	ohne	bez cukru	ohne Zucker
do	bis/nach	do vázy	in die Vase
u	bei	u vázy	bei der Vase
od	von	od hradu	von der Burg

Weitere Genitiv-Vorwörter in Lektion 16.

Dativ wird im Tschechischen bei Nutznießern einer Handlung verwendet. Ein Nutznießer ist eine Person, der etwas gegeben, gebracht, geschenkt wird. Außerdem wird Dativ zwingend nach einigen Vorwörtern gebraucht.

Einzahl:
Gleiche Endungen wie im Lokativ → Lektion 23.
Mehrzahl:
Endungen → Lektion 29

Vorwörter mit Dativ:

k: Jdu k matce.	zu: Ich gehe zur Mutter.
proti: Jsem proti výletu.	gegen: Ich bin gegen den Ausflug.
naproti: Stojím naproti obchodu.	gegenüber: Ich stehe gegenüber vom Laden.

Weitere Vorwörter in Lektion 29.

Akkusativ antwortet auf die Fragen «wen oder was».
Man fragt zum Beispiel: Wen rufst du an? Was kaufst du ein? Was siehst du? Wohin stellst du etwas?
Vidím hrad.
Vidím vázu.
Vidím kolo.

Akkusativ steht auch nach einigen Vorwörtern:

pro – für	Ein Geschenk für dich.
na – auf, an	Auf die Couch. An die Wand.

Weitere Vorwörter in Lektion 15.

Vokativ ist die Form, mit der jemand angesprochen oder gerufen wird.

männlich	Martin (Nominativ)	→	Martin**e**! (Vokativ)	Endung -e
weiblich	Jana (Nominativ)	→	Jan**o**! (Vokativ)	Endung -o

Abweichungen von dieser Regel in Lektion 27.

Lokativ wird im Tschechischen in Verbindung mit bestimmten Vorwörtern verwendet, typischerweise mit einer Ortsangabe.
na – auf
v – in

Weitere Vorwörter in Lektion 23.

Instrumental beantwortet die Fragen «womit, mit was, wodurch» und wird in Kombination mit bestimmten Vorwörtern verwendet:
za – hinter
před – vor
pod – vor
nad – über
s – mit

Das Vorwort «s» wird ausgelassen, wenn das Hauptwort ein Werkzeug/Instrument ist: podepsat propiskou – mit dem Kugelschreiber unterschreiben

Weitere Vorwörter in Lektion 20.

Verben – Gegenwart

Die Verben werden nach der er-/sie-Form in Konjugationsklassen eingeteilt.

Übersicht	-e hart/ neutral	-e weich	-ne	-je	-í	-á
Grundform	nést	mazat	začít	kupovat	prosit	dělat
já	nesu	mažu	začnu	kupuji	prosím	dělám
ty	neseš	mažeš	začneš	kupuješ	prosíš	děláš
on/ona/ono	nese	maže	začne	kupuje	prosí	dělá
my	neseme	mažeme	začneme	kupujeme	prosíme	děláme
vy	nesete	mažete	začnete	kupujete	prosíte	děláte
oni/ony	nesou	mažou	začnou	kupují	prosí	dělají

Verben – Vergangenheit

Die Vergangenheit wird in der ich-/du-/wir-/ihr-Form mit dem Hilfsverb být – sein und dem Partizip Perfekt des Vollverbs gebildet, ansonsten nur mit dem Partizip Perfekt des Vollverbs. Das Partizip Perfekt ist an der Endung -l erkennbar.

já	pracoval jsem	my (Männer)* my (Frauen)	pracovali jsme pracovaly jsme
ty	pracoval jsi	vy (Männer)* vy (Frauen) vy (Mann siezen) vy (Frau siezen)	pracovali jste pracovaly jste pracoval jste pracovala jste
on ona ono	pracoval pracovala pracovalo	oni (Männer)* ony (Frauen)	pracovali pracovaly

* Diese Formen werden auch dann verwendet, wenn die Rede sowohl von Männern als auch von Frauen ist.

Verben – Zukunft

Die Zukunftsform mit dem unvollendeten Aspekt wird mit der Zukunftsform von být – sein und mit der Grundform des Vollverbs gebildet.

já	budu pracovat	my	budeme pracovat
ty	budeš pracovat	vy	budete pracovat
on/ona/ono	bude pracovat	oni	budou pracovat

Die Zukunftsform mit dem vollendeten Aspekt wird durch Präfigierung eines unvollendeten Gegenwartsverbs erreicht.

Präfix/Vorsilbe	Gegenwart – unvollendete ich-Form	Zukunft – vollendete ich-Form
do	dělám	dodělám

Andere Vorsilben können dem Verb eine andere Bedeutung oder eine andere Bedeutungsnuance geben.

Wörterverzeichnis Deutsch – Tschechisch

Abkürzungen: männlich (m), weiblich (w), sächlich (s)

A

Abend (der)	večer (m)
aber	ale
abtrocknen	osušit (voll.)
Ahnung (die)	ponětí (s)
Airbag (der)	airbag (m)
alle	všichni
allein	sám/a/o
alles	vše, všechno
als	než
also	teda
alt	starý/á/é
am besten	nejlépe
am Nachmittag	odpoledne
am Vormittag	dopoledne
an	na, v
anbieten	nabízet (unvoll.), nabídnout (voll.)
anders	jinak
anfangen	začít (voll.)
angenehm	příjemný/á/é | příjemně
anhaben [z. B. ein Kleid]	nosit (unvoll.)
anhalten	zastavit (voll.)
anrühren [Teig]	zadělat (voll.)
anschauen	podívat (se) (voll.)
Ansichtskarte (die)	pohled (m)
ansonsten	jinak
anstelle von	místo
Anziehsachen (Mehrzahl)	oblečení (s)
Anzug (der)	šaty (w Mehrzahl)
Apartment (das)	apartmá (s)
April (der)	duben (m)
arbeiten	pracovat (unvoll.)
Artist (der)	artista (m)
astronomische Uhr (die)	orloj (m)
auch	také

auf	na
auf Wiedersehen	na shledanou
aufbrechen [loslaufen]	vyrazit (voll.)
Aufenthalt (der)	pobyt (m)
aufessen	sníst (voll.)
aufräumen	uklízet (unvoll.)
aufstehen	vstát (voll.)
August (der)	srpen (m)
aus	z, ze
Ausflug (der)	výlet (m)
ausgeben [Geld]	utrácet (unvoll.)
ausschlafen	vyspat se (voll.)
außer	kromě, mimo
austesten	otestovat (voll.)
auswärts	venku
Auto (das)	auto (s)
sich ausruhen	odpočinout si (voll.)
zu Abend essen	večeřet (unvoll.)

B

(Backblech-)Kuchen (der)	koláč (m)
Baby (das)	miminko (s)
baden	koupat se (unvoll.)
Bahnhof (der)	nádraží (s)
bald	brzo
Balkon (der)	balkón (m)
bar	hotově
bei	u
Berlin (das)	Berlín (m)
besonders	obzvlášť
besorgen	obstarat (voll.)
besser	lepší
bestellen	objednat (voll.)
Besuch (der)	návštěva (w)
besuchen	navštěvovat (unvoll.), navštívit (voll.)
Bett (das)	postel (w)
Bewegung (die)	pohyb (m)
bewohnt	obydlený/á/é
bezahlen	zaplatit (voll.)
Bier (das)	pivo (s)

bis	do
bis auf	až na
Bis bald!	Tak zatím!
bitten	prosit (unvoll.), poprosit (voll.)
Bleistift (der)	tužka (w)
blutrot	rudý/á/é | rudě
brauchen	potřebovat (unvoll.)
breit	široký/á/é
Briefkasten (der)	poštovní schránka (w)
bringen	přinést (voll.)
bringen (fahrend)	přivést (voll.)
Brot (das)	chléb (m), chleba (w) [umgangssprachlich]
Brücke (die)	most (m)
Bruder (der)	bratr (m)
Burg (die)	hrad (m)
Bushaltestelle (die)	autobusová stanice (w)
Butter (die)	máslo (s)
ein bisschen	trochu
sich beeilen	pospíšit si (voll.)
sich befinden	nacházet se (unvoll.)
sich beschweren	stěžovat si (unvoll.)

C

campen	kempovat (unvoll.)
Camping (das)	kemping (m)
Campingplatz (der)	kemp (m)
Chance (die)	šance (w)
Computer (der)	počítač (m)
Couch (die)	gauč (m)
Creme (die)	krém (m)

D

Dame (die)	dáma (w)
Dampfschiff (das)	parník (m)
danken	děkovat (unvoll.)
dann	tak
dann	pak
das	to
dass	že

Dauerkarte (die)	permanentka (w)
Dekagramm (das)	dekagram (m)
denken	myslet (unvoll.)
Denkmal (das)	pomník (m)
denn	pak, neboť
der	ten
deutsch	německý/á/é | německy
Dezember (der)	prosinec (m)
Diät (die)	dieta (w)
dicht	hustý/á/é | hustě
die	ta
dieser, diese, dieses	tento, tato, toto
Dienstag (der)	úterý (s)
direkt	přímo
Dokument (das)	doklad (m)
Donnerstag (der)	čtvrtek (m)
Dorn (der)	trn (m)
dort	tam
draußen	venku
drohen	hrozit (unvoll.)
durch	skrz, skrze
durchgehen [ein Thema]	probrat (voll.)
dürfen	smět
dürfen	moct
duschen	sprchovat se (unvoll.)
sich drehen	otočit se (voll.)

E

Ecke (die)	roh (m)
eher	spíš, spíše
ein, eine, eine	jeden, jedna, jedno
einkaufen	nakupovat (unvoll.), nakoupit (voll.)
Einstellung (die)	postoj (m)
einwerfen	vhodit (voll.)
Eiscreme (die)	zmrzlina (w)
Eltern (die)	rodiče (w Mehrzahl)
empfehlen	doporučovat (unvoll.)
endlich	konečně
Energie (die)	energie (w)

entlang	podél
entschuldigen Sie	promiňte
sich entschuldigen	omluvit se (voll.)
Erlebnis (das)	zážitek (m)
Ermäßigung (die)	sleva (w)
essen	jíst (unvoll.)
Essen (das)	jídlo (s)
Essig (der)	ocet (m)
etwas	něco

F

fahren	jet
Fahrschein (der)	jízdenka (w)
fair	fér
falsch	špatný/á/é | špatně
fantastisch	fantastický/á/é | fantasticky
fast	skoro
Februar (der)	únor (m)
Feier (die)	oslava (w)
feiern	oslavovat (unvoll.), oslavit (voll.)
Feld (das)	pole (s)
Felsen (der)	skála (w)
Fenster (das)	okno (s)
Fernseher (der)	televize (w)
fertig	hotový/á/é
Fett (das)	tuk (m)
feucht	vlhký/á/é
Feuer (das)	oheň (m)
Feueranzünder (der)	podpalovač (m)
finden	najít (voll.)
Finger (der)	prst (m)
Fisch (der)	ryba (w)
Flasche (die)	láhev (w)
Fleisch (das)	maso (s)
fließen	téct (unvoll.), potéct (voll.)
Fluss (der)	řeka (w)
Frau (die)	paní (w), žena (w)
Freibad (das)	koupaliště (w)
Freitag (der)	pátek (m)
fremd	cizí

Freude (die)	radost (w)
Freund (der)	kamarád (m)
Freundin (die)	kamarádka (w)
Frühstück (das)	snídaně *(w)*
für [ich entscheide es für Dich]	za [rozhodnu to za tebe]
für [ein Geschenk für Dich]	pro [dárek pro tebe]
sich freuen	těšit se (unvoll.)

G

Gabel (die)	vidlička (w)
ganz	celý/á/é
Gast (der)	host (m)
Geburtstag (der)	narozeniny (w Mehrzahl)
geehrt	vážený/á/é/
Gefahr (die)	nebezpečí (s)
gefärbt	zbarvený/á/é
gegen (örtlich)	okolo, proti
gegen (zeitlich)	kolem
gehen	jít (unvoll.), zajít (voll.)
gehorchen	poslouchat (unvoll.)
Geländer (das)	zábradlí (s)
Geldbörse (die)	peněženka (w)
Geldkarte (die)	platební karta (w)
gelingen	podařit se (voll.)
gelungen	vydařený/á/é
Gemüse (das)	zelenina (w)
genug	dost
gerade	zrovna
geradeaus	rovně
gern	rád (als Mann), ráda (als Frau)
Geschenk (das)	dárek (m)
geschlossen	zavřený/á/é
Gesetz (das)	zákon (m)
gestern	včera
Getränk (das)	nápoj (s)
gewiss	jistě
Gewürz (das)	koření (s)
Gießkanne (die)	konev (w)
Gitarre (die)	kytara (w)
Glas (das)	sklenice (w)

gleich	hned
Glück (das)	štěstí (w)
glücklich	šťastný/á/é | šťastně
Gold (das)	zlato (s)
griechisch	řecký/á/é | řecky
groß	velký/á/é
größer	větší
Gulasch (der)	guláš (m)
gut	dobrý/á/é | dobře
Guten Abend!	Dobrý večer!
sich gewöhnen	zvyknout si (voll.)

H

Haarbürste (die)	kartáč na vlasy (m)
Haarspange (die)	sponka do vlasů (w)
haben	mít
hallo	ahoj
Haltestelle (die)	stanice (w)
Hand (die)	ruka (w)
Handtuch (das)	ručník (m)
Handy (das)	mobil (m)
hauptsächlich	hlavně
Haus (das)	dům (m)
Hauptgericht (das)	hlavní jídlo (s)
sich heben	zvedat se (unvoll.)
Heft (das)	sešit (m)
heiraten	brát se
Hemd (das)	košile (w)
Herr (der)	pán (m)
Herz (das)	srdce (s)
herzlich	srdečný/á/e | srdečně
Heu (das)	seno (s)
heute	dnes
hier	tady
hin und her	sem a tam
hinter	za
Holzkohle (die)	dřevěné uhlí (s)
Honig (der)	med
hören	poslouchat (unvoll.)
Huhn (das)	kuře (s)

(herum-)hüpfen	poskakovat (unvoll.)

I

Idee (die)	nápad (m)
immer	vždy
in	v, ve
in der Nähe von	blízko
inmitten	uprostřed
Insel (die)	ostrov (m)
Inserat (das)	inzerát (m)

J

ja	ano
Jahrmarkt (der)	jarmark (m)
Januar (der)	leden (m)
jetzt	teď
joggen	běhat (unvoll.)
Juli (der)	červenec (m)
Junge (der)	kluk (m)
Juni (der)	červen (m)

K

Kaffee (der)	káva (w)
kalt	studený/á/é
Kamera (die)	kamera (w)
Karte (die)	karta (w)
Kartoffelpuffer (der)	bramborák (m)
Käse (der)	sýr (m)
Kätzchen (das)	kotě (s)
kaufen	koupit (voll.)
kein	žádný/á/é
Kette (die)	řetízek (m)
Kilo (das)	kilo (s)
Kilogramm (das)	kilogram (m)
Kind (das)	dítě (s)
Kinder (die)	děti (w Mehrzahl)
Kino (das)	kino (s)
Kirche (die)	kostel (m)
klar	jasný/á/é | jasně
Klavier (das)	klavír (m)

Kleid (das)	šaty (w Mehrzahl)
klein	malý/á/é
kleiner	menší
klettern	lézt (unvoll.)
kochen	vařit (unvoll.)
Koffer (der)	kufr (m)
Kohle (die)	uhlí (s)
Kollege (der)	kolega (m)
Kollegin (die)	kolegyně (w)
kommen	přijít (voll.)
können	umět
können	moct
Kopf (der)	hlava (w)
kosten	stát (unvoll.)
Krone (die)	koruna (w)
Küche (die)	kuchyně (w)
Kugelschreiber (der)	propiska (w)
Kühlschrank (der)	lednička (w)
kurz	krátký/á/é | krátce

L

lächeln	usmívat se (unvoll.)
Laden (der)	obchod (m)
lang	dlouhý/á/é
lange	dlouho
länger	delší
langsam	pomalý/á/é | pomalu
laufen	běhat (unvoll.)
Lebensmittel (die)	potraviny (w Mehrzahl)
leer	prázdný/á/é
Lehrer (der)	učitel (m)
Lehrerin (die)	učitelka (w)
leicht	lehký/á/lé | lehce
leider	bohužel
lernen	učit se (unvoll.)
Liebling (der)	miláček (m)
Lied (das)	píseň (w)
Limonade (die)	limonáda (w)
links	vlevo
Lippenstift (der)	rtěnka (w)

Liter (der)	litr (m)
Lockenwickler (die)	natáčky (Mehrzahl)
Löffel (der)	lžíce (w)

M

am Mittag	v poledne
machen	dělat (unvoll.)
Mädchen (das)	holka (w)
Mädel (das)	děvče (s)
Magen (der)	žaludek (m)
Mai (der)	květen (m)
Mama (die)	mamka (w), máma (w)
Mama!	Mami!
man	se
manchmal	někdy
Mann (auch: Ehemann) (der)	muž (m)
Mantel (der)	kabát (m)
März (der)	březen (m)
Maschine (die)	stroj (m)
Mensch (der)	člověk (m)
Messer (das)	nůž (m)
Milch (die)	mléko (s)
Minute (die)	minuta (w)
mit	s, se
Mittag (der)	poledne (s)
Mittagessen (das)	oběd (m)
mittags	v poledne
Mittwoch (der)	středa (w)
Montag (der)	pondělí (s)
morgen	zítra
morgen früh	zítra ráno
Most (der)	mošt (m)
müde	unavený/á/é | unaveně
München (das)	Mnichov (m)
Museum (das)	muzeum (to)
müssen	muset

N

na	no
nach	po (zeitlich), do (räumlich)
nach	do, po
nach	podle
nach Hause	domů
Nachbar (der)	soused (m)
Nachmittag (der)	odpoledne
Nacht (die)	noc (w)
Name (der)	jméno (s)
nämlich	totiž
neben	vedle
Neffe (der)	synovec (m)
nein	ne
nicht	ne
nicht nur	nejen, nejenom
Nicht wahr?	Že (ano)?
nichts	nic
Nilpferd (das)	hroch (m)
November (der)	listopad (m)

O

Oblate (die)	oplatka (w)
Obst (das)	ovoce (s)
oder	nebo
öffnen	otevírat (unvoll.), otevřít (voll.)
oft	často
ohne	bez, beze
Oktober (der)	říjen (m)
Öl (das)	olej (m)
Onkel (der)	strýc (m)
Opa (der)	děda (m)
Ordnung (die)	pořádek (m)
Ort (der)	místo (s)

P

Palatschinken (der)	palačinka (w)
Papa (der)	táta (m)
Paradies (das)	ráj (m)

Parfüm (das)	parfém (m)
Park (der)	park (m)
perfekt	perfektní
Perle (die)	korál (m)
Person (die)	osoba (w)
Platz (der)	místo (s), náměstí (s)
plaudern	popovídat si (voll.)
Pommes frites (die)	hranolky (w Mehrzahl)
Prag (n)	Praha (f)
probieren	ochutnat (voll.)
Prost!	Na zdraví!

R

Rad (das)	kolo (s)
Radio (das)	rádio (s)
Rasen (der)	trávník (m)
raten	hádat (unvoll.)
Raum (der)	místnost (w)
raus	ven
rechts	vpravo
Regenschirm (der)	deštník (m)
Reihe (die)	řada (w)
Reise (die)	cesta (w)
Reisepass (der)	cestovní pas (m)
Reißverschluss (der)	zip (m)
Restaurant (das)	restaurace (w)
Richter (der)	soudce (m)
richtig	správně
in Richtung	směrem
ritzen	rýt
Rock (der)	sukně (w)
Rose (die)	růže (w)
rot	červený/á/é

S

Schaden (der)	škoda (w)
Sache (die)	věc (w)
sagen	říkat (unvoll.), říct (voll.)
Sakko (der, das)	sako (s)

Salami (die)	salám (m)
Salat (der)	salát (m)
Samstag (der)	sobota (w)
sauber	čistý/á/é
Sauerkraut (das)	kyselé zelí (s)
schade	škoda
Schatz (der)	poklad (w), zlato (s)
schauen	podívat (voll.)
schimpfen	nadávat (unvoll.)
schlafen	spát (unvoll.)
schlau	chytrý/á/é | chytře
schlimmer	horší
Schlüssel (der)	klíč (m)
schmerzen	bolet (unvoll.)
schmollen	trucovat (unvoll.)
schmusen	mazlit se (unvoll.)
schmutzig	špinavý/á/é
schnell	rychlý/á/é | rychle
Schnur (die)	šňůra (w)
Schokolade (w)	čokoláda (w)
schön	pěkný/á/é | pěkně
schön	hezký/á/é | hezky
Schrank (der)	skříň (w)
schrecklich	strašný/á/é | strašně
Schuhe (die)	boty (w Mehrzahl)
Schule (die)	škola (w)
Schüler (der)	žák (m)
schwach	slabý/á/é/ | slabě
Schwester (die)	sestra (w)
Schwimmbecken (der)	bazén (m)
schwimmen	plavat (unvoll.)
See [kleiner] (der)	rybník
sehen	vidět (unvoll.)
sehr	moc, velmi, velice
sein	být
Semmel (die)	houska (w)
September (der)	září (s)
sich	se, si
sich sonnen	slunit se (unvoll.)
sicherlich	jistě

singen	zpívat (unvoll.)
so	tak
sobald	jakmile
Sofa (das)	gauč (m)
Sohn (der)	syn (m)
sollen	mít
sondern	nýbrž
Sonnenbrand (der)	spálení od slunce (w)
Sonnenbrille (die)	sluneční brýle (w Mehrzahl)
Sonnencreme (die)	krém na opalování (m)
Sonntag (der)	neděle (w)
Soße (die)	omáčka (w)
Spaghetti (die Mehrzahl)	špagety (w Mehrzahl)
sparen	šetřit (unvoll.), ušetřit (voll.)
Spaß (der)	zábava (w)
später	později
Speckwurst (die)	špekáček (m)
Speisekarte (die)	jídelní lístek (m)
Spiegel (der)	zrcadlo (s)
spielen	hrát (si) (unvoll.)
Spielplatz (der)	hřiště (s)
Spielzeug (das)	hračka (w)
Sport treiben	sportovat (unvoll.)
sprechen	mluvit (unvoll.)
sprechen [über]	hovořit [o] (unvoll.)
Stadtplan (der)	mapa (w)
stehen	stát (unvoll.)
Stelle (die)	místo (s)
sterben	umírat (unvoll.), umřít (voll.)
Stern (der)	hvězda (w)
stören	vadit (unvoll.)
Straße (die)	ulice
streiten	hádat se (unvoll.)
Stück (das)	kousek (m)
Stuhl (der)	židle (w)
suchen	hledat (unvoll.)
super	supr
Süßigkeit (die)	sladkost (w)

T

Tag (der)	den (m)
Tante (die)	teta (w)
Tasche (die)	taška (w)
Taschentuch (das)	kapesník (m)
Tasse (die)	šálek (m)
Tasse (die)	hrnek (m)
tauchen	potápět se (unvoll.)
Teller (der)	talíř (m)
Theater (das)	divadlo (s)
Tier (das)	zvíře (s)
Tisch (der)	stůl (m)
Tischdecke (die)	ubrus (m)
Tochter (die)	dcera (w)
Torte (die)	dort (m)
tragen	nést (unvoll.), nosit (unvoll.)
sich treffen	setkat se (voll.)
Treppe (die)	schody (m Mehrzahl)
trinken	pít (unvoll.)
Trinken (das)	pití (w)
trösten	těšit (unvoll.)
tschechisch	český/á/é | česky
tschüss	ahoj

U

über	nad
übermorgen	pozítří
Übermorgen (der)	pozítří (s)
überqueren	přejít (voll.)
überraschen	překvapit (voll.)
Überraschung (die)	překvapení (s)
Ufer (das)	pobřeží (s)
Uhr (die)	hodiny (w Mehrzahl)
um	o, okolo
und	a
unter	pod, pode
unterbrechen	přerušit (voll.)
sich unterhalten	povídat si (unvoll.)
unternehmen	podniknout (voll.)
unterschreiben	podepisovat (unvoll.), podepsat (voll.)

Unterwäsche (die)	spodní prádlo (s)

V

Vase (die)	váza (w)
Vegetarier (der)	vegetarián (m)
verdienen	vydělávat (unvoll.), vydělat (voll.)
vergessen	zapomenout (voll.)
Verkäufer (m)	prodavač (m)
verstehen	chápat (unvoll.)
Vesper (die)	svačina (w)
viel	hodně
Vogel (der)	pták (m)
voll	plný/á/é
von	od
vor	před(e)
vor allem	hlavně
vorbereiten	připravovat (unvoll.), připravit (voll.)
sich vorbereiten	připravovat se (unvoll.), připravit se (voll.)
vorgestern	předevčírem
Vormittag (der)	dopoledne
wieder, wiederum	zase

W

Wagen (der)	vůz (m)
während	během
Wahrheit (die)	pravda (w)
Wald (der)	les (m)
warum	proč
was	co
waschen	umývat (unvoll.), umýt (voll.)
sich waschen	umývat se (unvoll.), umýt se (voll.)
Waschmaschine (die)	pračka (w)
Weg (der)	cesta (w)
weil	protože
Wein (der)	víno (s)
weinen	brečet (unvoll.)
weiß	bílý/á/é
sich wenden an	obrátit se k (voll.)
wenn	když

werfen	hodit (voll.), házet (unvoll.)
wie viel	kolik
willkommen heißen	vítat (unvoll.)
wirklich	opravdu
wissen	vědět
wo	kde
wohin	kam
Wohnung (die)	byt (m)
wollen	chtít
sich wünschen	přát si (unvoll.)
Wurst (die)	salám (m)

Z

Zahl (die)	číslo (s)
Zelt (das)	stan (m)
Ziel (das)	cíl (m)
ziemlich	dost
Zimmerdecke (die)	strop (m)
zu	k, ke, ku
zu der Zeit von	za
zu Hause	doma
Zucker (der)	cukr (m)
Zug (der)	vlak (m)
zunächst	nejdřív(e)
zurück	zpátky
zusammen	dohromady
zuschauen	dívat se (unvoll.)
Zuschauer (der)	divák (m)
zwischen	mezi

Wörterverzeichnis Tschechisch - Deutsch

A

a	und
ahoj	hallo, tschüss
airbag (m)	Airbag (der)
ale	aber
ano	ja
apartmá (s)	Apartment (das)
artista (m)	Artist (der)
auto (s)	Auto (das)
autobusová stanice (w)	Bushaltestelle (die)
až na	bis auf

B

balkón (m)	Balkon (der)
bazén (m)	Schwimmbecken (der)
běhat (unvoll.)	laufen, joggen
během	während
Berlín (m)	Berlin (das)
bez, beze	ohne
bilý/á/é	weiß
blízko	in der Nähe von
bohužel	leider
bolet (unvoll.)	schmerzen
boty (w Mehrzahl)	Schuhe
bramborák (m)	Kartoffelpuffer
brát se (unvoll.)	heiraten
bratr (m)	Bruder (der)
brečet (unvoll.)	weinen
březen (m)	März (der)
brzo	bald
být	sein
byt (m)	Wohnung (die)

C

celý/á/é	ganz
cesta (w)	Reise (die), Weg (der)
cestovní pas (m)	Reisepass (der)

cíl (m)	Ziel (das)
cizí	fremd
co	was
cukr (m)	Zucker (der)

Č

často	oft
červen (m)	Juni (der)
červenec (m)	Juli (der)
červený/á/é	rot
český/á/é | česky	tschechisch
číslo (s)	Nummer (die), Zahl (die)
čistý/á/é	sauber
člověk (m)	Mensch (der)
čokoláda (w)	Schokolade (w)
čtvrtek (m)	Donnerstag (der)

D

dáma (w)	Dame (die)
dárek (m)	Geschenk (das)
dcera (w)	Tochter (die)
děda (m)	Opa (der)
dekagram (m)	Dekagramm (das)
děkovat (unvoll.)	danken
dělat (unvoll.)	machen
delší	länger
den (m)	Tag (der)
deštník (m)	Regenschirm (der)
děti (w Mehrzahl)	Kinder (die)
děvče (s)	Mädel (das)
dieta (w)	Diät (die)
dítě (s)	Kind (das)
divadlo (s)	Theater (das)
divák (m)	Zuschauer (der)
dívat se	(zu-)schauen
dlouho	lange
dlouhý/á/é	lang
dnes	heute
do	bis, nach
Dobrý večer!	Guten Abend!

dobrý/á/é | dobře	gut
dohromady	zusammen
doklad (m)	Dokument (das)
doma	zu Hause
domů	nach Hause
dopoledne	am Vormittag
dopoledne (s)	Vormittag (der)
doporučovat (unvoll.)	empfehlen
dort (m)	Torte (die)
dost	ziemlich, genug
dřevěné uhlí (s)	Holzkohle (die)
duben (m)	April (der)
dům (m)	Haus (das)

E

energie (w)	Energie (die)

F

fantastický/á/é | fantasticky	fantastisch
fér	fair

G

gauč (m)	Sofa (das), Couch (die)
guláš (m)	Gulasch (der)

H

hádat	raten
hádat se	streiten
házet (unvoll.)	werfen
hezký/á/é | hezky	schön
hlava (w)	Kopf (der)
hlavně	vor allem, hauptsächlich
hlavní jídlo (s)	Hauptgericht (das)
hledat	suchen
hned	gleich
hodiny (w Mehrzahl)	Uhr (die)
hodit (voll.)	werfen
hodně	viel
holka (w)	Mädchen (das)

horší	schlimmer
host (m)	Gast (der)
hotově	bar
hotový/á/é	fertig
houska (w)	Semmel (die)
hovořit [o] (unvoll.)	sprechen [über]
hračka (w)	Spielzeug (das)
hrad (m)	Burg (die)
hranolky (w Mehrzahl)	Pommes frites (die)
hrát (si) (unvoll.)	spielen
hřiště (s)	Spielplatz (der)
hrnek (m)	Tasse (die)
hroch (m)	Nilpferd (das)
hrozit (unvoll.)	drohen
hustý/á/é | hustě	dicht
hvězda (w)	Stern (der)

CH

chápat (unvoll.)	verstehen
chléb (m)	Brot (das)
chleba (w) [umgangssprachlich]	Brot (das)
chtít	wollen
chytrý/á/é | chytře	schlau

I

inzerát (m)	Inserat (das)

J

jakmile	sobald
jarmark (m)	Jahrmarkt (der)
jasný/á/é | jasně	klar
jeden, jedna, jedno	ein, eine, ein
jet	fahren
jídelní lístek (m)	Speisekarte (die)
jídlo (s)	Essen (das)
jinak	ansonsten, anders
jíst (unvoll.)	essen
jistě	gewiss, sicherlich
jít	gehen
jízdenka (w)	Fahrschein (der)

jméno (s)	Name (der)

K

k, ke, ku	zu
kabát (m)	Mantel (der)
kakao (s)	Kakao (der)
kam	wohin
kamarád (m)	Freund (der)
kamarádka (w)	Freundin (die)
kamera (w)	Kamera (die)
kapesník (m)	Taschentuch (das)
kartáč na vlasy (m)	Haarbürste (die)
karty (w Mehrzahl)	Kartenspiel (das), Karten (die)
káva (w)	Kaffee (der)
kde	wo
když	wenn
kemp (m)	Campingplatz (der)
kemping (m)	Camping (das)
kempovat (unvoll.)	campen
kilo (s)	Kilo (das)
kilogram (m)	Kilogramm (das)
kino (s)	Kino (das)
klavír (m)	Klavier (das)
klíč (m)	Schlüssel (der)
kluk (m)	Junge (der)
koláč (m)	(Backblech-)Kuchen (der)
kolega (m)	Kollege (der)
kolegyně (w)	Kollegin (die)
kolem	gegen (zeitlich)
kolik	wie viel
kolo (s)	Rad (das)
konečně	endlich
konev (w)	Gießkanne (die)
korál (m)	Perle (die)
koření (s)	Gewürz (das)
koruna (w)	Krone (die)
košile (w)	Hemd (das)
kostel (m)	Kirche (die)
kotě (s)	kleine Katze (die), Kätzchen (das)
koupaliště (w)	Freibad (das)

koupat se (unvoll.)	baden
koupit (voll.)	kaufen
kousek (m)	Stück (das)
krátký/á/é | krátce	kurz
krém (m)	Creme (die)
krém na opalování (m)	Sonnencreme (die)
kromě	außer
kuchyně (w)	Küche (die)
kufr (m)	Koffer (der)
kuře (s)	Huhn (das)
květen (m)	Mai (der)
kyselé zelí (s)	Sauerkraut (das)
kytara (w)	Gitarre (die)

L

láhev (w)	Flasche (die)
leden (m)	Januar (der)
lednička (w)	Kühlschrank (der)
lehký/á/é | lehce	leicht
lepší	besser
les (m)	Wald (der)
lézt (unvoll.)	klettern, kriechen
limonáda (w)	Limonade (die)
listopad (m)	November (der)
litr (m)	Liter (der)
lžíce (w)	Löffel (der)

M

malý/á/é	klein
Mami!	Mama!
mamka (w)	Mama (die)
mapa (w)	Stadtplan (der)
máslo (s)	Butter (die)
maso (s)	Fleisch (das)
mazlit se	schmusen
med (m)	Honig (der)
menší	kleiner
mezi	zwischen
miláček (m)	Liebling (der)

miminko (s)	Baby (das)
mimo	außer
minuta (w)	Minute (die)
místnost (w)	Raum (der)
místo	anstelle von
místo (s)	Platz (der), Stelle (die), Ort (der)
mít	sollen, haben
mít se	gehen (in der Wendung «wie es einem geht»)
mléko (s)	Milch (die)
mluvit (unvoll.)	sprechen
Mnichov (m)	München (das)
mobil (m)	Handy (das)
moc	sehr
moct	können, dürfen
most (m)	Brücke (die)
mošt (m)	Most (der)
můj, moje, moje	mein, meine, mein
muset	müssen
muž (m)	Mann, Ehemann (der)
muzeum (to)	Museum (das)
myslet (unvoll.)	denken

N

na	auf, an
na shledanou	auf Wiedersehen
na to	daran, darauf
Na zdraví!	Prost!
nabídnout (voll.), nabízet (unvoll.)	anbieten
nacházet se	sich befinden
nad, nade	über
nadávat (unvoll.)	schimpfen
nádraží (s)	Bahnhof (der)
najít (voll.)	finden
nakoupit (voll.)	einkaufen
nakupovat (voll.)	einkaufen
nápad (m)	Idee (die)
nápoj (s)	Getränk (das)
narozeniny (w Mehrzahl)	Geburtstag (der)
natáčky (w Mehrzahl)	Lockenwickler (die)

návštěva (w)	Besuch (der)
navštěvovat (unvoll.), navštívit (voll.)	besuchen
ne	nein/nicht
nebezpečí (s)	Gefahr (die)
nebo	oder
něco	etwas
neděle (w)	Sonntag (der)
nejdřív(-e)	zunächst
nejen, nejenom	nicht nur
nejlépe	am besten
někdy	manchmal
německý/á/é | německy	deutsch
nést (unvoll.), já nesu	tragen [z.B. einen Korb]
nosit (unvoll.), já nosím	tragen, anhaben [z.B. ein Kleid]
nic	nichts
no	na, hmm
noc (w)	Nacht (die)
nůž (m)	Messer (das)
nýbrž	sondern

O

o	um
obchod (m)	Laden (der)
oběd (m)	Mittagessen (das)
objednat (voll.)	bestellen
oblečení (s)	Anziehsachen (die Mehrzahl)
obrátit se (voll.)	sich wenden
obstarat (voll.)	besorgen
obydlený/á/é	bevölkert, bewohnt
ocet (m)	Essig (der)
obzvlášť	besonders
ochutnat (voll.)	probieren
od	von
odpočinout si (voll.)	sich ausruhen
odpoledne	am Nachmittag
odpoledne (s)	Nachmittag (der)
oheň (m)	Feuer (das)
okno (s)	Fenster (das)
okolo	um, gegen
olej (m)	Öl (das)

omáčka (w)	Soße (die)
omluvit se (voll.)	sich entschuldigen
oplatka (w)	Oblate, Waffel (die)
opravdu	wirklich
orloj (m)	astronomische Uhr (die)
oslava (w)	Feier (die)
oslavit (voll.)	feiern
osoba (w)	Person (die)
ostrov (m)	Insel (die)
osušit (voll.)	abtrocknen
otestovat (voll.)	austesten
otevírat (unvoll.), otevřít (voll.)	öffnen
otočit se (voll.)	sich drehen
ovoce (s)	Obst (das)

P

pak	denn, dann
palačinka (w)	Palatschinken, Eierkuchen (der)
pán (m)	Herr (der)
paní (w)	Frau (die)
parfém (m)	Parfüm (das)
park (m)	Park (der)
parník (m)	Dampfschiff (das)
pátek (m)	Freitag (der)
pěkný/á/é | pěkně	schön, ganz schön
peněženka (w)	Geldbörse (die)
perfektní	perfekt
permanentka (w)	Dauerkarte (die)
píseň (w)	Lied (das)
pít (unvoll.)	trinken
pití (w)	Trinken (das)
pivo (s)	Bier (das)
platební karta (w)	Geldkarte (die)
plavat (unvoll.)	schwimmen
plný/á/é	voll
po	bis, nach
pobřeží (s)	Ufer (das)
pobyt (m)	Aufenthalt (der)
počítač (m)	Computer (der)
pod, pode	unter

podařit se (voll.)	gelingen
podél	entlang
podepisovat (unvoll.)	unterschreiben
podepsat (voll.)	unterschreiben
podívat (voll.)	schauen
podívat (se) (voll.)	anschauen
podle	nach (~ à la)
podniknout (voll.)	unternehmen
podpalovač (m)	Feueranzünder (der)
pohled (m)	Ansichtskarte (die)
pohyb (m)	Bewegung (die)
pole (s)	Feld (das)
poledne (s)	Mittag (der)
pomalý/à/é | pomalu	langsam
pomník (m)	Denkmal (das)
pondělek (m informell)	Montag (der)
pondělí (s)	Montag (der)
ponětí (s)	Ahnung (die)
popovídat si (voll.)	plaudern
poprosit (voll.)	bitten
pořádek (m)	Ordnung (die)
poskakovat (unvoll.)	(herum-)hüpfen
poslouchat (unvoll.)	hören, gehorchen
pospíšit si (voll.)	sich beeilen
postel (w)	Bett (das)
postoj (m)	Einstellung (die)
poštovní schránka (w)	Briefkasten (der)
potápět se (unvoll.)	tauchen
potéct (voll.)	fließen
potraviny (w Mehrzahl)	Lebensmittel (die)
potřebovat (unvoll.)	brauchen
povídat si (unvoll.)	sich unterhalten
později	später
pozítří	übermorgen
pozítří (s)	Übermorgen (der)
pračka (w)	Waschmaschine (die)
pracovat (unvoll.)	arbeiten
Praha (w)	Prag
přát si (unvoll.)	(sich) wünschen
pravda (w)	Wahrheit (die)

prázdný/á/é	leer
před(-e)	vor
předevčírem	vorgestern
přejít (voll.)	überqueren
překvapení (s)	Überraschung (die)
překvapit (voll.)	überraschen
přerušit (voll.)	unterbrechen
příjemný/á/é | příjemně	angenehm
přijít (voll.)	kommen
přímo	direkt
přinést (voll.)	bringen
připravit se (voll.)	sich vorbereiten
připravovat (unvoll.)	vorbereiten
přivést (voll.)	bringen (fahrend)
pro [dárek pro tebe]	für [ein Geschenk für Dich]
probrat (voll.)	durchgehen [ein Thema]
proč	warum
prodavač (m)	Verkäufer (m)
promiňte	entschuldigen Sie
propiska (w)	Kugelschreiber (der)
prosinec (m)	Dezember (der)
prosit (unvoll.)	bitten
proti	gegen
protože	weil
prst (m)	Finger (der)
pták (m)	Vogel (der)

R

rád (als Mann)	gern
ráda (als Frau)	gern
rádio (s)	Radio (das)
radost (w)	Freude (die)
ráj (m)	Paradies (das)
restaurace (w)	Restaurant (das)
rodiče (w Mehrzahl)	Eltern (die)
roh (m)	Ecke (die)
rovně	geradeaus
rtěnka (w)	Lippenstift (der)
ručník (m)	Handtuch (das)

rudý/á/é | rudě	blutrot
ruka (w)	Hand (die)
růže (w)	Rose (die)
ryba (w)	Fisch (der)
rybník (m)	kleiner See (der), Teich (der)
rychlý/á/é | rychle	schnell
rýt	ritzen

Ř

řada (w)	Reihe (die)
řecký/á/é	griechisch
řeka (w)	Fluss (der)
řetízek (m)	Kette (die)
říct (voll.)	sagen
říjen (m)	Oktober (der)
říkat (unvoll.)	sagen

S

s, se	mit
sako (s)	Sakko (der, das)
salám (m)	Wurst, Salami (die)
salát (m)	Salat (der)
sám/a/o	allein
schody (m Mehrzahl)	Treppe (die)
se	man, sich
sem a tam	hin und her
seno (s)	Heu (das)
sešit (m)	Heft (das)
setkat se (voll.)	sich treffen
sestra (w)	Schwester (die)
si	sich
skála (w)	Felsen (der)
sklenice (w)	Glas (das)
skoro	fast
skříň (w)	Schrank (der)
skrz, skrze	durch
slabý/á/é | slabě	schwach
sladkost (w)	Süßigkeit (die)
slavit (unvoll.)	feiern
sleva (w)	Ermäßigung (die)

sluneční brýle (w Mehrzahl)	Sonnenbrille (die)
slunit se (unvoll.)	sich sonnen
směrem	in Richtung
smět	dürfen
snídaně *(w)*	Frühstück (das)
sníst (voll.)	aufessen
sobota (w)	Samstag (der)
soudce (m)	Richter (der)
soused (m)	Nachbar (der)
spálení od slunce (w)	Sonnenbrand (der)
spát (unvoll.)	schlafen
spíš, spíše	eher
spodní prádlo (s)	Unterwäsche (die)
spona do vlasů (w)	Haarspange (die)
sportovat (unvoll.)	Sport treiben/machen
správně	richtig
sprchovat se (unvoll.)	duschen
srdce (s)	Herz (das)
srdečný/á/e | srdečně	herzlich
srpen (m)	August (der)
stan (m)	Zelt (das)
stanice (w)	Haltestelle (die)
starý/á/é	alt
stát	stehen, kosten
stěžovat si	sich beschweren
stojka (w)	Kopfstand (der)
strašný/á/é | strašně	schrecklich
středa (w)	Mittwoch (der)
stroj (m)	Maschine (die)
strop (m)	Zimmerdecke (die)
strýc (m)	Onkel (der)
studený/á/é	kalt
stůl (m)	Tisch (der)
sukně (w)	Rock (der)
supr	super
svačina (w)	Vesper (die)
syn (m)	Sohn (der)
synovec (m)	Neffe (der)
sýr (m)	Käse (der)

Š

šálek (m)	Tasse (die) [flache Form]
šance (w)	Chance (die)
šaty (w Mehrzahl)	Kleid (das), Anzug (der)
široký/á/é	breit
škoda	schade
škoda (w)	Schaden (der)
škola (w)	Schule (die)
šňůra (w)	Schnur (die)
špagety (w Mehrzahl)	Spaghetti (die Mehrzahl)
špatný/á/é | špatně	falsch
špekáček (m)	Speckwurst (die)
špinavý/á/é	schmutzig
šťastný/á/é | šťastně	glücklich
štěstí (w)	Glück (das)

T

bez, beze	ohne
ta	die
tato	diese
tady	hier
tak	dann, so
Tak zatím!	Bis bald!
také	auch
talíř (m)	Teller (der)
tam	dort
taška (w)	Tasche (die)
táta (m)	Papa (der)
téct (unvoll.)	fließen
teď	jetzt
teda	also
televize (w)	Fernseher (der)
ten	der
tento	dieser
těšit	trösten
těšit se (unvoll.)	sich freuen
teta (w)	Tante (die)
to	das
toto	dieses
totiž	nämlich

trávník (m)	Rasen (der)
trn (m)	Dorn (der)
trochu	ein wenig, ein bisschen, etwas
trucovat (unvoll.)	schmollen
tuk (m)	Fett (das)
tužka (w)	(Blei-)Stift (der)
vařit (unvoll.)	kochen
všichni	alle
vždy	immer

U

u	bei
ubrus (m)	Tischdecke (die)
učitel (m)	Lehrer (der)
učitelka (w)	Lehrerin (die)
učit se (unvoll.)	lernen
uhlí (s)	Kohle (die)
uklízet (unvoll.)	aufräumen
ulice	Straße (die)
umět	können
umírat (unvoll.), umřít (voll.)	sterben
umývat (unvoll.), umýt (voll.)	waschen
umývat se (unvoll.)	sich waschen
unavený/á/é | unaveně	müde
únor (m)	Februar (der)
uprostřed	in der Mitte, inmitten
ušetřit (voll.)	sparen
usmívat se (unvoll.)	lächeln
úterek (m informell)	Dienstag (der)
úterý (s)	Dienstag (der)
utrácet (unvoll.)	ausgeben [Geld]

V

v poledne	am Mittag, mittags
v, ve	in, an
vadit (unvoll.)	stören
váza (w)	Vase (die)
vážený/á/é	geehrt
včera	gestern

věc (w)	Sache (die)
večer (m)	Abend (der)
večeřet (unvoll.)	zu Abend essen
vědět	wissen
vedle	neben
vegetarián (m)	Vegetarier (der)
velice	sehr
velký/á/é	groß
velmi	sehr
ven	raus
venku	draußen, auswärts
větší	größer
vhodit (voll.)	einwerfen
vidět	sehen
vidlička (w)	Gabel (die)
víno (s)	Wein (der)
vítat (unvoll.)	willkommenheißen
vlak (m)	Zug (der)
vlevo	links
vlhký/á/é	feucht
vpravo	rechts
vše, všechno	alles
všichni	alle
vstát (voll.)	aufstehen
vůz (m)	Wagen (der)
vydařený/á/é	gelungen
vydělat (voll.), vydělávat (unvoll.)	verdienen
výlet (m)	Ausflug (der)
vyrazit (voll.)	loslaufen, aufbrechen
vyspat se (voll.)	ausschlafen

Z

z, ze	aus
za [rozhodnu to za tebe]	für [ich entscheide es für Dich]
za	hinter, zu der Zeit von
zábradlí (s)	Geländer (das)
zadělat (voll.)	anrühren [Teig]
zajít (voll.)	gehen
zákon (m)	Gesetz (das)

zaplatit (voll.)	bezahlen
zapomenout (voll.)	vergessen
září (s)	September (der)
zase	wieder, wiederum
zastavit (voll.)	anhalten
zavřený/á/é	geschlossen
zážitek (m)	Erlebnis (das)
zbarvený/á/é	gefärbt
zelenina (w)	Gemüse (das)
zip (m)	Reißverschluss (der)
zítra	morgen
zítra ráno	morgen früh
zlato (s)	Schatz (der), Gold (das)
zmrzlina (w)	Eiscreme (die)
zpátky	zurück
zpívat	singen
zrcadlo (s)	Spiegel (der)
zrovna	gerade
zvedat se (unvoll.)	sich heben
zvíře (s)	Tier (das)
zvyknout si (voll.)	sich gewöhnen

Ž

začít (voll.)	anfangen
žádný/á/é	kein
žák (m)	Schüler (der)
žaludek (m)	Magen (der)
že	dass
Že (ano)?	Nicht wahr?
žena (w)	Frau (die)
židle (w)	Stuhl (der)

Themenverwandte Empfehlungen

Maidlová, Jana / Nekula, Marek
Tschechisch kommunikativ Band 1–2 inkl. Übungsbuch
Band 1, 174 Seiten, ISBN 3-89657-863-4, 29,80 EUR
Band 2, 224 Seiten, ISBN 3-89657-864-2, 36,80 EUR
Übungsbuch, 248 Seiten, ISBN 3-89657-862-6, 26,80 EUR

Das zweibändige Lehrbuch vermittelt alle grundlegenden Verbal- und Nominalformen, Konjugations- und Deklinationsmuster und die wichtigsten Satzgefüge, die für ein richtiges und erfolgreiches Kommunizieren im Alltag relevant sind. Bereitgestellt wird ein Grundwortschatz von ca. 2500 lexikalischen Einheiten, mit dem problemlos 80% der geläufigen Texte verstanden und alltagstypische Kommunikationssituationen bewältigt werden können. Ziel ist es, ohne Vorkenntnisse möglichst schnell und sicher kommunizieren zu lernen und Alltagssituationen in Tschechien zu meistern.

Die Grammatik wird im Lehrbuch komplett in deutscher Sprache erklärt, das Gleiche gilt für die Einführungen zu Übungen und Texten. Jeweils zwei Audio-CDs pro Band umfassen die Lehrbuchtexte, aber auch gezielte Hörübungen.

Ein Übungsbuch rundet das Lehrwerk ab.

Maidlová, Jana
Cesky kaleidoskop. Tschechische Lektüren
72 Seiten, ISBN 3-89657-866-9, 10,00 EUR

Der didaktisierte Lektürenband schließt eine Lücke auf dem deutschen Buchmarkt. Das Buch ist in acht Themenbereiche aufgeteilt. Unter anderem: interessante Orte in der Tschechischen Republik, Persönlichkeiten, Kapitel der tschechischen Geschichte, Sitten und Traditionen, Jugend.

Jeder Themenbereich enthält mindestens einen Text jeden Niveaus von A1 bis C1 des Gemeinsamen Europäischen Referenzrahmens. Zu jeder Lektüre wird ein Wortschatz, ein Übungsteil mit inhaltlichen Fragen zum Text sowie kurzen grammatikalischen, syntaktischen oder lexikalischen Aufgaben zu im Text auftretenden Phänomenen angeboten. Am Buchende befindet sich ein Lösungsschlüssel.